池上彰と考える 未来の社会とデジタル庁

» デジタルって、何？

1

監修
池上彰

目次

はじめに

デジタルとは何だろう
使い方次第で便利にも危険《きけん》にも

あなたはスマホを持っていますか?

親から「まだ早い」といわれて持っていない人もいるかもしれません。

その一方で、「何かのときに必要になるから持っていなさい」といわれて渡《わた》された人もいるかもしれません。

親によって判断《はんだん》が分かれるのは、とても便利だけれど使い方によっては困《こま》ることが起きるかもしれないからです。これがデジタルというものなのです。

世の中で多くの人がスマホを使えるようになったのは、電話や通信がデジタル化したからです。

学校の授業《じゅぎょう》でパソコンやタブレットを使うようになっていますね。これもデジタル化が進んだからです。

わたしがあなたの年齢《ねんれい》だった頃《ころ》は、各家庭にあったのは「固定電話」でした。固定電話とは、ダイヤルを回す黒い電話です。電話局からはるばると電話線を引いてきて、各家庭に引《ひ》き込《こ》むのです。そのための費用《ひよう》は、各家庭が電話局に支払《しはら》っていました。

その頃にわたしが見ていたアメリカのスパイ映画《えいが》シリーズでは、ヒーローが世界のどこからでも手のひらに収《おさ》まる通信機でアメリカの本部と連絡《れんらく》を取り合うシーンがありました。「こんなこと、できるわけないよ。フィクションだからなあ」と思って見ていたのですが、いまやわたしは世界のどこにいても、携帯電話《けいたいでんわ》(スマホ)で日本と連絡が取れます。

また、「テレビ電話」というものが、将《しょう》来《らい》は誕生《たんじょう》するといわれていました。「そんなものができたら、裸《はだか》で電話に出られないなあ」などと冗談《じょうだん》をいっていたものです。いまやスマホで相手の顔を見ながら電話できますね。顔だけ見せていれば、それこそ裸でもだいじょうぶです。

「各家庭に毎朝配達される新聞も、い

ジャーナリスト
池上　彰

ずれテレビ画面からプリントできるようになる」といわれていました。これは現在《げんざい》、インターネットで新聞社のWeb《ウェブ》サイトを見ればいいですよね。もちろん新聞記事をプリントアウトすることもできます。

当時は夢物語《ゆめものがたり》だったことが、次々に実現しているのです。

先日、「スマホがないと生きていけません」といっていた若《わか》い女性《じょせい》タレントから、「スマホがない時代、どうやって連絡を取り合っていたんですか?」ときかれました。

本当だ。どうやっていたんだろう。思い出してみると、友人と待ち合わせをする場合は、時間と場所をしっかりと決めておきました。たとえば東京・渋谷《しぶや》のハチ公前だと、そこで待ち合わせをする人が大勢《おおぜい》いたので、ハチ公の前まで行くのが大変。そこでハチ公の後ろで会おうなどと取り決めていました。でも、どちらかが遅《おく》れたら待ちぼうけ。会えない場合は、駅の改札口の前に伝言板があり、そこにチョークで書き込んでいました。「30分待った。先に行く」などと。

仕事のやり取りは、すべて手紙でした。出版社に渡す原稿《げんこう》は、手書きで郵送《ゆうそう》していました。急ぎの場合は、編集者《へんしゅうしゃ》が直接《ちょくせつ》取りに来たりしていました。これがアナログの時代の特徴《とくちょう》です。

とにかく時間がかかっていたのですが、「ネットいじめ」などありませんでしたし、コンピューターウイルスとも無縁《むえん》でした。

でも、あまりに効率《こうりつ》が悪すぎますね。やはりデジタル化が必要だということで、世の中は大きく動いています。デジタル庁《ちょう》という国の役所もできました。これからわたしたちの生活は、どのように変化していくのでしょうか。それを考えるためにも、まずはデジタルの基本《きほん》を知っておく必要があります。この本が、そのためにお役に立てれば幸いです。

わたしたちのまわりには、デジタルがあふれている

AI《エーアイ》スピーカーに詳《くわ》しい円周率を教えてもらえる？

　話しかけるだけで、テレビやエアコンなどを操作《そうさ》してくれたり、お天気を聞けば教えてくれたりする*AI《エーアイ》スピーカー。通信機能《きのう》でつなげることのできる家電製品《せいひん》の種類が増《ふ》えていることもあり、利用する家庭が増えているようです。

　スマートフォンなどの機器を使って操作することが可能《かのう》で、家の外から、照明をつけたり消したりするのをコントロールしたり、お風呂《ふろ》を沸《わ》かしたり、エアコンを操作して、帰宅《きたく》前に室内を快適《かいてき》な温度にしておいたりと、とても便利です。

　また、このボイスアシスタント機能を使えば、たとえば学校では 3.14 で習う円周率も、もっと詳《くわ》しい数で教えてもらうことができます。

　ためしに AI スピーカーに向かって、「円周率は?」と話しかけてみましょう。すると瞬時《しゅんじ》に数十ケタの数字を答えてくれます。もしかしたら、それ以上のケタ数を教えてくれるかもしれません。まるで、家庭教《きょう》師《し》が身近にいてくれるようなものです。人間の家庭教師だと、1 日中そばにいて、質問《しつもん》に答えてもらうわけにはいきませんが、AI スピーカーなら、いつでも好きなときに教えてもらえます。

AI《エーアイ》(人工知能《ちのう》)・・・さまざまな情報《じょうほう》を収集《しゅうしゅう》して自分で学習し、人間のように複雑《ふくざつ》な作業をコンピューターができるように作られたソフトウェア。

デジタルが可能《かのう》にするのは、AI《エーアイ》スピーカーだけではない

AI《エーアイ》スピーカーが、円周率を教えてくれるような機能《きのう》を搭載《とうさい》できるのは、デジタル技術《ぎじゅつ》の進化によるものです。

このように、以前は音楽を聴《き》く機器だったスピーカーが、AIスピーカーとなり、音声会話ができるなど、コンピューターやスマートフォンだけでなく、いろいろな機器が「デジタル技術で進化」していることが、なんとなく理解《りかい》できるでしょう。

しかし、デジタル技術はわたしたちのまわりで、もっともっと幅広《はばひろ》く使われているのです。「IoT《アイオーティー》（Internet of Things：インターネット・オブ・シングス）」という言葉があります。本編《ほんぺん》で詳《くわ》しくふれますが、「モノのインターネット」と訳《やく》され、要はいろいろなモノがインターネットにつながることで、これまでにはできなかったさまざまな機能を備《そな》えることができるようになることを表しています。

エアコンが快適《かいてき》な室温を自動で設定《せってい》したり、電子レンジが料理を最適な温度で調理したり、冷蔵庫《れいぞうこ》が庫内の食材から、最適な料理を提案《ていあん》してくれたりします。そんなことができるのは、デジタル技術によって、エアコンや電子レンジや冷蔵庫がインターネットにつながるようになったり、それ自体がAIを搭載できるようになったりしたからなのです。

IoT《アイオーティー》が進化していくと、生活はもっともっと便利になる

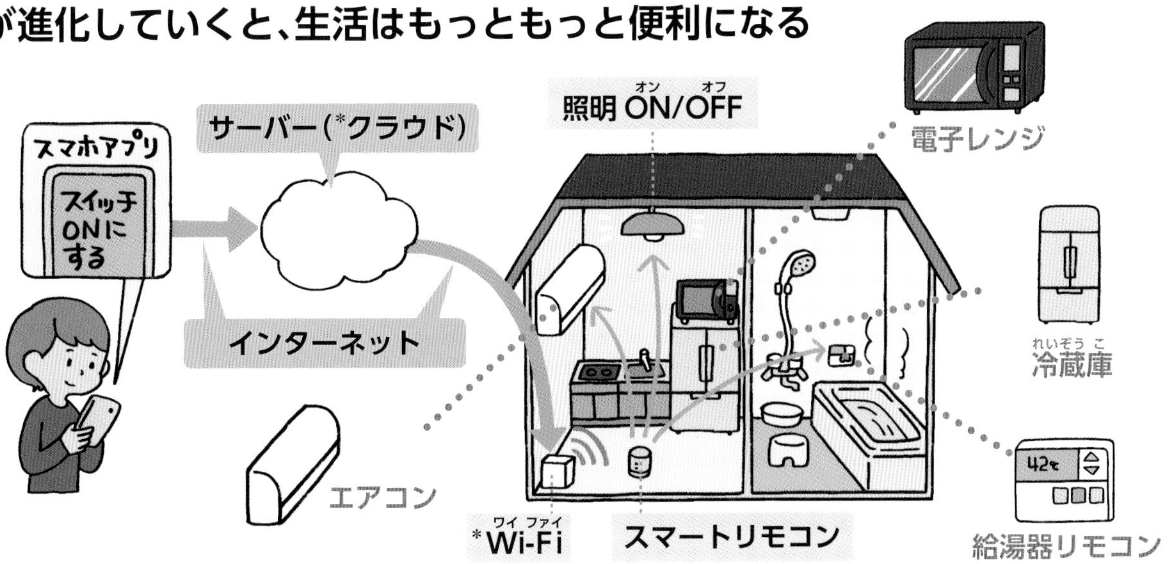

たとえばスマートリモコンは、外出先から、スマートフォンを使って、家のなかのさまざまな家電を操《そう》作《さ》できる。あらかじめエアコンをオンにして最適《さいてき》な室内温度に設定《せってい》し、照明をつけておいたり、お風呂《ふろ》を沸《わ》かしたりもできる。

クラウド・・・ユーザーがソフトウェアなどを持っていなくてもインターネットを経由《けいゆ》してコンピューターサービスとしてソフトウェアなどを使える仕組み。
Wi-Fi《ワイファイ》・・・ネットワーク接続《せつぞく》できる機器を無線《むせん》で接続する技術《ぎじゅつ》。

Society《ソサエティ》 5.0って、何のこと?

Society《ソサエティ》とは、「社会」のことです。

「Society 5.0」というのは、社会が第5段階《だんかい》にある、ということを意味しています。

第5段階があるということは、それ以前には第1段階から第4段階までがあったことになります。それが次のものです。

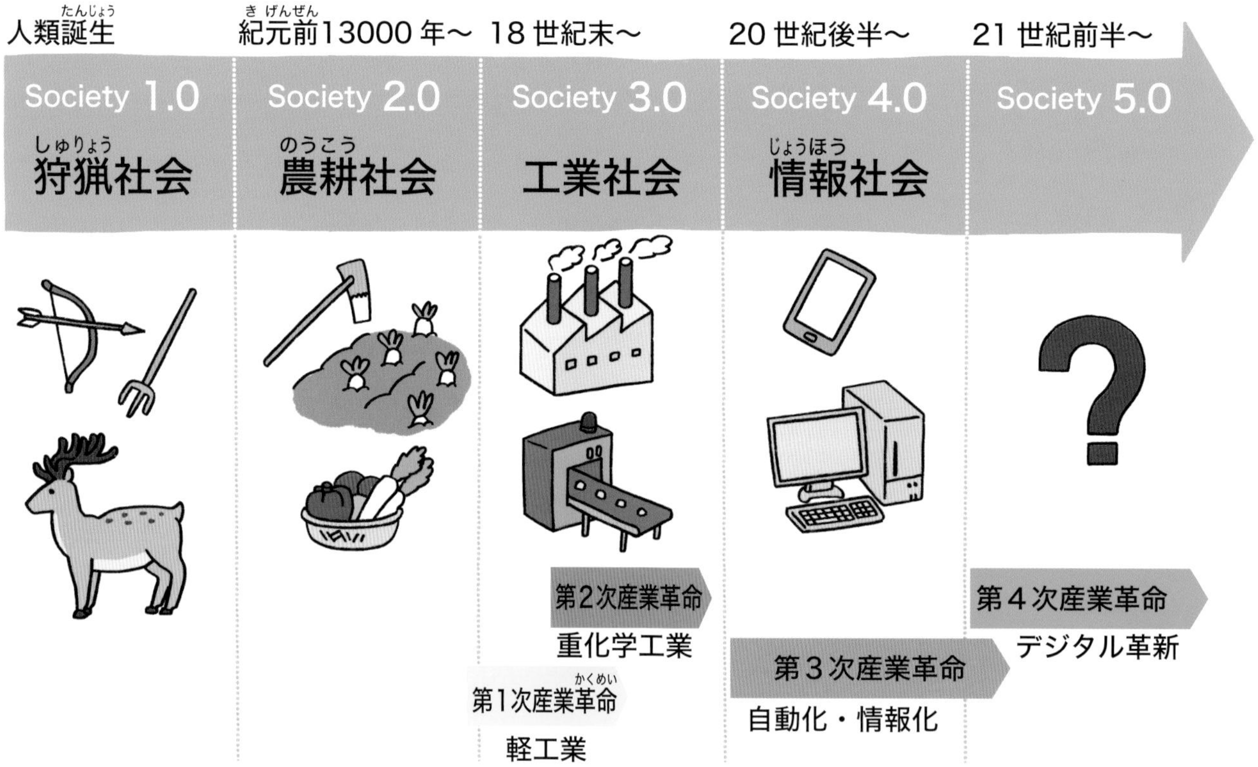

詳《くわ》しくは本編《ほんぺん》で解説《かいせつ》しますが（14ページ参照《さんしょう》）、狩猟《しゅりょう》社会が1.0で、以降《いこう》、農《のう》耕《こう》社会、工業社会と進み、現在《げんざい》は4.0（情報《じょうほう》社会）と、5.0の間に位置しているといわれます。Society 4.0では、すでにデジタルの恩恵《おんけい》を受けていますが、それがさらに進化した「超《ちょう》スマート社会」こそがSociety 5.0だといわれています。

では、デジタル技術《ぎじゅつ》が今以上に進化した「超スマート社会」とはどんな社会なのか。その全体像《ぜんたいぞう》はまだわかりません。

しかし、5年後、10年後にそれが実現するかもしれませんし、あるいは1年後には、早くもその一部をみなさん自身が体験できるかもしれません。

その未来を実現するためにさまざまな取り組みをしているのがデジタル庁《ちょう》なのです。

未来のデジタル社会を正しく見るために、また国の役所であるデジタル庁の取り組みをきちんと見るためにも、デジタルの基本《きほん》を身に付けましょう。

第 1 章

デジタル、
その正体とは？

1 デジタルとアナログ、何が違《ちが》う？

デジタルは新しい？ アナログは古い？

「デジタル」というと、機械的なもの、新しい技術《ぎじゅつ》、そんなイメージがあるかもしれません。デジタルと対《つい》になる言葉が、「アナログ」です。アナログという言葉は、デジタルとは逆《ぎゃく》に、古いもの、新しい技術になじまないものといった使われ方をすることがあります。

デジタルとアナログの正確《せいかく》な意味を知るために、それぞれの言葉を辞書で引いてみると、次のように書かれています。

デジタル…ある量またはデータを、有限《ゆうげん》桁《けた》の数字列（たとえば二進数）として表《ひょう》現《げん》すること。

アナログ…ある量またはデータを、連続的に変化しうる物理量（電圧《でんあつ》・電流など）で表現すること。

（『広辞苑《こうじえん》第七版《はん》』より）

辞書では難《むずか》しい表現がされていますが、デジタルもアナログも、新しいかどうかではなく「ある量またはデータの表し方」を意味します。より簡単《かんたん》にまとめるならば、デジタルとアナログの違《ちが》いは、ある情報《じょうほう》を“どのように”表すかの違いといえます。

アナログ時計は“連続的”で、デジタル時計は“段階的《だんかいてき》”

アナログ時計は、「9時5分」から「9時 10 分」までの移動途中《いどうとちゅう》も連続的な動きとして見ることができる。

デジタル時計は、「09:05」の次は「09:06」…→「09:10」と表示《ひょうじ》され、その間の動きはない。

時計で分かる、データの表し方の違《ちが》い

デジタル時計は、時間をすべて数字で区切って表現《ひょうげん》します。たとえば、9時5分から9時10分へ時間が進むとき、5、6……10と「分」を表す数字が切《き》り替《か》わり、5分と6分の間、6分と7分の間を表すことはありません。

一方、アナログ時計は時間を針《はり》の動きで表し、数字で区切りません。たとえば、9時5分から9時10分までの間、長針《ちょうしん》は5分を表す「1」から10分を表す「2」まで動きつづけ、時間を連続するものとして表します。

アナログは「間を表現する」、デジタルは「間を表現しない」ともいえます。

デジタルは0と1だけの世界

「デジタル機器」に表示《ひょうじ》される文字や画《が》像《ぞう》、映像《えいぞう》、音楽などの情報《じょうほう》、また、アプリを開くなど何らかの操作《そうさ》を行うときの指《し》示《じ》はすべて機器の内部ではデジタルの情報、つまり数字で区切れるものとして表《ひょう》現《げん》され、それらデジタルの情報は、基本《きほん》的《てき》に0と1で表現されます。このような数の表現を「二進法」といいます。これに対して、わたしたちが日常《にちじょう》生活でよく使う0〜9で構成《こうせい》された数は「十進法」で表されたものです。十進法で表された数は二進法でも表せますし、その逆も可能《かのう》です。二進法ではどんなに大きい数字でも0と1で表現できます。

10の束で位が上がるのが十進法、2の束で位が上がるのが二進法

十進法	0	1	2	3	4	5	6	7
二進法	0	1	10	11	100	101	110	111

13 を、十進法・二進法で分解《ぶんかい》すると…

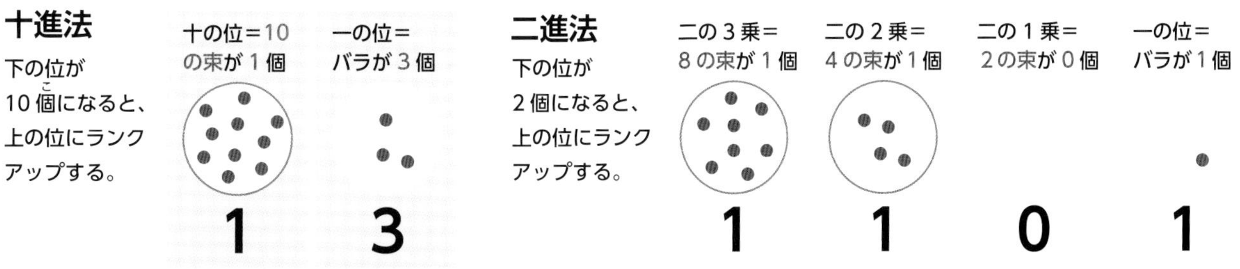

デジタルとアナログのメリット・デメリット

デジタルの大きなメリットは、「データを効率《こうりつ》よく扱《あつか》える」点です。デジタルは、どんな複雑《ふくざつ》な情報《じょうほう》も０と１だけで表現《ひょうげん》するため、情報を素早《すばや》く処理《しょり》できます。また、データの再現《さいげん》・復元《ふくげん》が簡単《かんたん》で、劣化《れっか》しにくいのもメリットです。

一方で、デジタルではすべての情報を０か１で表現しなければならないため、どうしても切《き》り捨《す》てる情報が出るというデメリットがあります。先ほどの時計の例であげた、時間を表す数字が切《き》り替《か》わるその間の時間の流れが表現できないということと同じです。その点、アナログはデータを連続するものとして表現するため、「数値化《すうちか》できないもの」を表現でき、表現が豊《ゆた》かといわれます。これがアナログのメリットです。しかし、データ量が大きくなりやすく、再現・復元が難《むずか》しい、劣化しやすいなどのデメリットがあります。

なお、デジタル機器の内部には「デジタル回路」があり、電気エネルギーによる「デジタル信号」で情報を表現します。デジタル信号では、電圧《でんあつ》が一定の値《あたい》以上だと「1」、それ未満は「0」となります。電圧が一定の値以上あるいは未満なのかさえ分かれば情報を正確《せいかく》に伝えることができます。

デジタル回路に対して、「アナログ信号」と「アナログ回路」も存在《そんざい》します。アナログ信号は、情報を電圧の変化で表現するため、細かい情報も表現できます。しかしその分、わずかな電圧の変化で情報も変化し、不正確になってしまいます。

デジタル信号とアナログ信号をグラフで見ると・・・

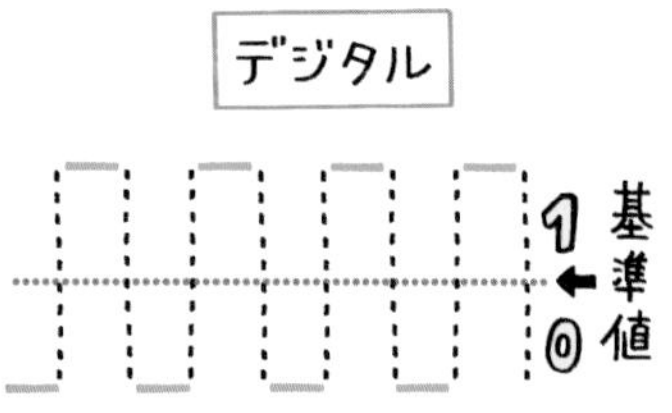

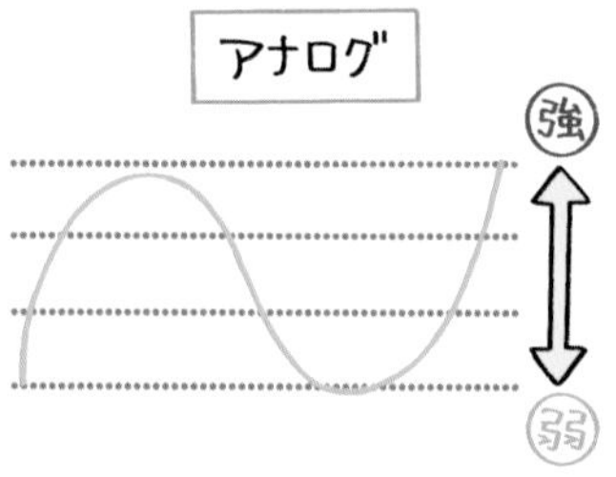

デジタル信号は基準値《きじゅんち》（しきい値）より上か下かで、０か１に置《お》き換《か》えられ、とびとびの波形になる。

アナログ信号は連続したなめらかな曲線。

デジタルとアナログのメリットとデメリット

	デジタル（情報《じょうほう》を数字で区切って表現《ひょうげん》）	アナログ（情報を連続したものとして表現）
メリット	●効率的《こうりつてき》にデータを扱《あつか》える ●データが劣化《れっか》しにくい ●再現《さいげん》・復元《ふくげん》が簡単《かんたん》	●数値化《すうちか》できないものを表現できる
デメリット	●数値化できない情報は切《き》り捨《す》てられる	●データの量が大きくなりやすい ●データが劣化しやすい ●再現・復元が難《むずか》しい

テレビ放送はもともとアナログだった？

デジタル化による変化が分かりやすいのが、テレビ放送のデジタル化です。テレビ放送はもともとアナログ方式でしたが、2015年春に完全デジタル化が完了《かんりょう》しました。これにより、下図のように放送に必要な周波数が削減《さくげん》され、距離《きょり》や障害《しょうがい》物《ぶつ》によるノイズが生じることがなくなりました。これが、デジタル化により大きく変わった点です。また、1画面で複数《ふくすう》のチャンネルの同時視聴《しちょう》や、データ放送機能《きのう》で番組を視聴しながら他の情報《じょうほう》を見られるなど、テレビの高機能化が進みました。

イラストもデジタルになる時代

さらに簡単《かんたん》なデジタル化の例として、手描《てが》きのイラストと液晶《えきしょう》タブレットなどを使ったデジタルのイラストを考えてみます。手描きイラストは、画材や紙の選択《せんたく》などデジタルよりも表現《ひょうげん》の幅《はば》が広いですが、画材や紙がある分だけしか描くことができず、年月とともに劣化《れっか》します。また、手描きでまったく同じイラストを再《さい》現《げん》・複製《ふくせい》するのは不可能《ふかのう》です。一方、デジタルのイラストは、データを保管《ほかん》する容量《ようりょう》があるだけ描くことができ、劣化せず、再現・複製が簡単です。

テレビ放送がデジタル化されたことで、きれいな映像《えいぞう》が見られる

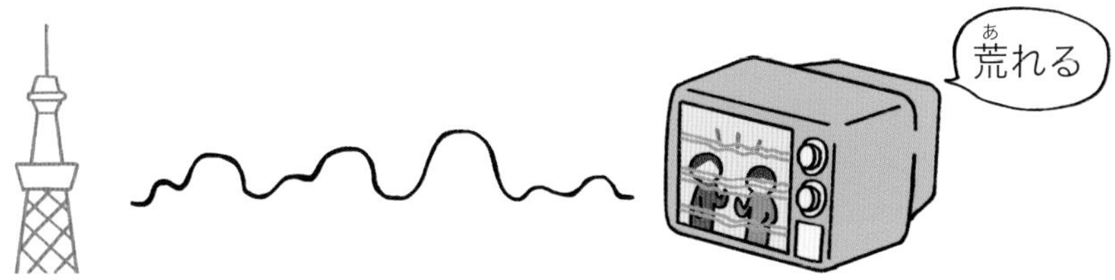

アナログ方式：必要な周波数が多い。電波塔《でんぱとう》とテレビの距離《きょり》や障害物《しょうがいぶつ》により情報《じょうほう》が正確《せいかく》に伝わらずノイズを生じることがある。

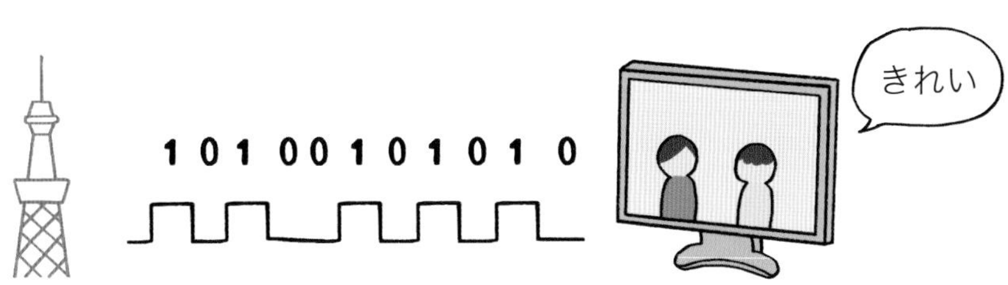

デジタル方式：必要な周波数が少ない。0か1かが分かれば正確な情報を伝えられるため、ノイズが解消《かいしょう》される。

テレビ放送は、情報《じょうほう》を電気信号に変換《へんかん》してケーブルなどで電波塔《でんぱとう》に運び、電波塔から電波として送信された情報を、テレビが受信する。

2 デジタル社会はどんな社会？

デジタル庁《ちょう》が目指す社会とは？

日本社会のデジタル化を進めるため、2021年9月1日に「デジタル社会形成基本法《きほんほう》」という法律《ほうりつ》が施行《しこう》され、デジタル庁《ちょう》がスタートしました。この法律ではデジタル社会の定義《ていぎ》が定められています。その要点を簡単《かんたん》にまとめると、デジタル社会とは、さまざまな情報《じょうほう》がデジタル化され、だれもがその情報を自由かつ安全に世界規模《きぼ》で入手・共有・発信でき、あらゆる分野に活用できる社会といえます。

そんなデジタル社会を表すのが「Society《ソサエティ》 5.0」です。これは日本の科学技術《ぎじゅつ》に関する政策《せいさく》の方針《ほうしん》を決める内閣府《ないかくふ》の第5期科学技術基本計画で示《しめ》された言葉です。巻《かん》頭《とう》でもふれたように、「Society」は「社会」、「5.0」は社会の進歩の段階《だんかい》を表しており、

国が目指すSociety《ソサエティ》 5.0のイメージ

デジタルにより、新たな価値《かち》が生まれる社会

たとえば、さまざまな情《じょう》報《ほう》を共有しながらAI《エーアイ》が自動的に最適な提案をしてくれる。

デジタルにより、さまざまな課題を解決《かいけつ》する社会

たとえば、過疎《かそ》などで店のない地域《ちいき》や高齢者《こうれいしゃ》に対して、ドローンなどで買い物を支援《しえん》する。

デジタルにより、必要な情報《じょうほう》がすぐに使える社会

たとえば、膨大《ぼうだい》な情報から、必要な情報をAIが判断《はんだん》し、スマホひとつで見ることができる。

デジタルにより、人間の可能性《かのうせい》が広がる社会

たとえば、ロボットの進化で、重労働や危険《きけん》な作業はロボットに任《まか》せられる。

狩猟《しゅりょう》社会(Society 1.0)→農耕《のうこう》社会(Society 2.0)→工業社会(Society 3.0)→情報社会(Society 4.0)に続く新たな社会として「Society 5.0」が示されています。デジタル庁がスタートして、社会のデジタル化に取り組む今の社会の進歩の段階は、Society 4.0と5.0の間といえます。

Society《ソサエティ》 4.0と5.0の違《ちが》いとは？

Society《ソサエティ》 4.0でも社会のデジタル化は進められており、さまざまな情報《じょうほう》がデジタル化され、インターネットを通じて大量の情報にふれられるようになりました。

しかし、まだまだデータ同士《どうし》の連携《れんけい》が不十分で、たとえば政府《せいふ》の省庁《しょうちょう》同士や地方自治体同士ですら、異《こと》なるシステムを使っており、データが連携されていないということが珍《めずら》しくありません。また、ほしい情報を見つけるためには、インターネット上に存在《そんざい》する大量の情報から自力で検索《けんさく》を行う必要があり、知識《ちしき》や経験《けいけん》がないと求めている情報になかなかたどり着くことができません。さらに、通信環境《かんきょう》が十分に整っていない場所や、インターネットなどのデジタル技術《ぎじゅつ》の使い方が分からない、使うことができないという人も存在します。

それらSociety 4.0の問題点を解決《かいけつ》するのがSociety 5.0です。Society 5.0では、さまざまな分野の情報が連携してひとつにまとめられ*ビッグデータとして存在しており、それをAI《エーアイ》（人工知能《ちのう》）が分《ぶん》析《せき》して、人がわざわざ情報を検索・分析しなくても、最適《さいてき》なときに最適な情報がAIから自動的に提供《ていきょう》されるようになります。また、通信環境の整備《せいび》とIoT《アイオーティー》により、デジタル技術の活用が難《むずか》しかった人でも、身のまわりにある家電や機器類から情報を得《え》られるようになります。工場などでは、それまで人が操作《そうさ》していたロボットが自動で動くようになり、生産が効率化《こうりつか》され、さらなる経済発展《けいざいはってん》につながります。

Society《ソサエティ》 4.0と5.0の違《ちが》い

多様な情報《じょうほう》があるが、自分で探さないといけないので、使いこなすのにひと苦労。

多様な情報をAI《エーアイ》が最適化《さいてきか》して自動的に提供《ていきょう》。だれでも手軽に使える。

ビッグデータ…大量かつ多種多様なデジタルのデータで、ビッグデータに対応《たいおう》した高速の処理《しょり》ができるコンピューターやAI(人工知能《ちのう》)の登場で、活用が進んでいる。

コラム

デジタルの進化には欠かせない スゴい部品「半導体《はんどうたい》」

「第１章　デジタル、その正体とは?」で説明した通り、デジタル社会を支《ささ》えるデジタルデータとは、０と１の世界です。文字も画像《がぞう》も動画もすべてが０と１の信号によって表《ひょう》現《げん》されます。コンピューターをはじめとするデジタル機器のなかでは、電気のオンとオフで、この０と１を表現し、それによってさまざまな情報《じょうほう》を処理《しょり》しています。ある回路を電気が流れるのがオンで１を表し、電気が流れていないとオフで０を表すのです。こうした電気の流れのオン・オフで情報を処理するための部品として使われているのが半導体《はんどうたい》です。

もともと半導体は物質《ぶっしつ》の性質のことでした。電気を通す物質のことを導体といい、電気を通さない物質のことを不導体（あるいは絶縁体《ぜつえんたい》）といいます。電気の通しやすさは「導電《どうでん》率《りつ》」といい、半導体といわれる物質はこの導電率がちょうど真ん中あたりに位置する物質のことです。半導体は温度の違《ちが》いなどの、一定の条件《じょうけん》によって電気を通したり、通さなかったりすることができるので、さまざまな電子機器の制御《せいぎょ》を行う上でとても便利なのです。

デジタル機器の製造《せいぞう》には必要不可欠《ふかけつ》な物質で、今日では半導体を使った部品そのもののことを半導体と呼《よ》ぶようになりました。

価電子帯《かでんしたい》にある電子が、伝導帯《でんどうたい》に移動《いどう》することで、電気エネルギーが発生する

導体《どうたい》

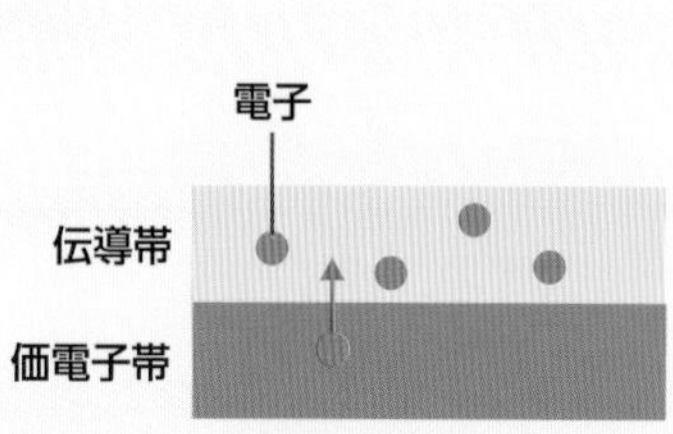

導体《どうたい》は、価電子帯《かでんしたい》の電子が伝導帯に移動《いどう》しやすい。

不導体《ふどうたい》（絶縁体《ぜつえんたい》）

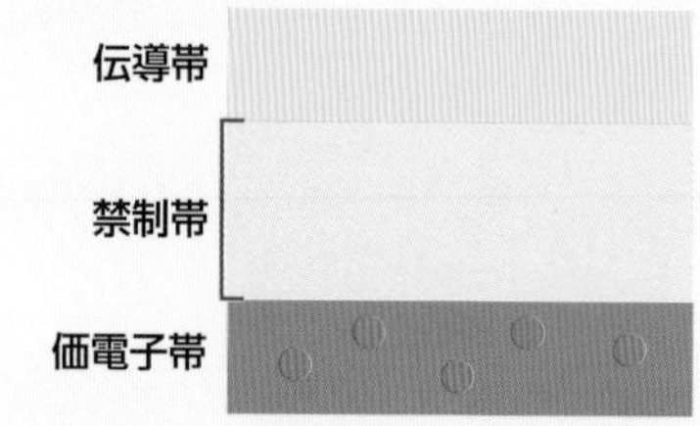

不導体《ふどうたい》（絶縁体《ぜつえんたい》）は、価電子《かでんし》帯《たい》と伝導帯の間の禁制帯《きんせいたい》が大きく、電子が移動《いどう》できない。

半導体《はんどうたい》

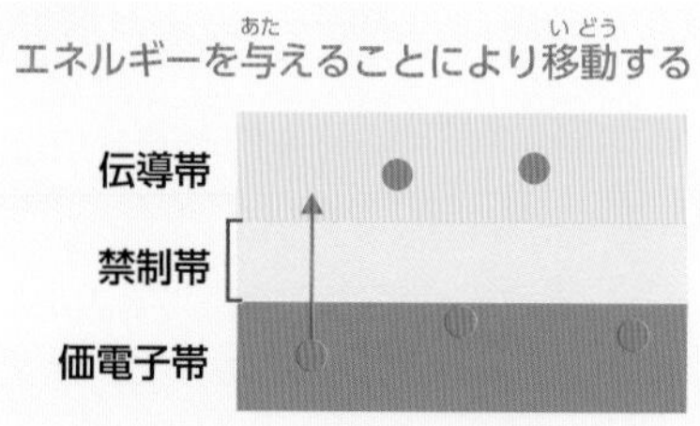

半導体《はんどうたい》は、一定の条件《じょうけん》変化で、電子を移動《いどう》させることができる。

第2章

デジタル社会の発《はっ》展《てん》史《し》

1 コンピューターの進化が社会を進めた

社会のデジタル化を進めた2つの要素《ようそ》

社会のデジタル化を大きく進めたのが、コンピューターとインターネットの進化です。コンピューターの発達により、デジタルの情報《じょうほう》を大量にすばやく扱《あつか》えるようになりました。また、インターネットが進化したことで、コンピューター同士《どうし》をつないで、さまざまな情報を世界規模《きぼ》で発信、共有できるようになりました。

ここからコンピューターの歴史《れきし》をたどってみましょう。その際《さい》、知っておくとよい言葉を下図にまとめました。これらの言葉で表される技術《ぎじゅつ》は、コンピューターの発達において重要な役割《やくわり》を果たしています。

コンピューターは日本語では「(電子) 計

コンピューターの基本的《きほんてき》な仕組み

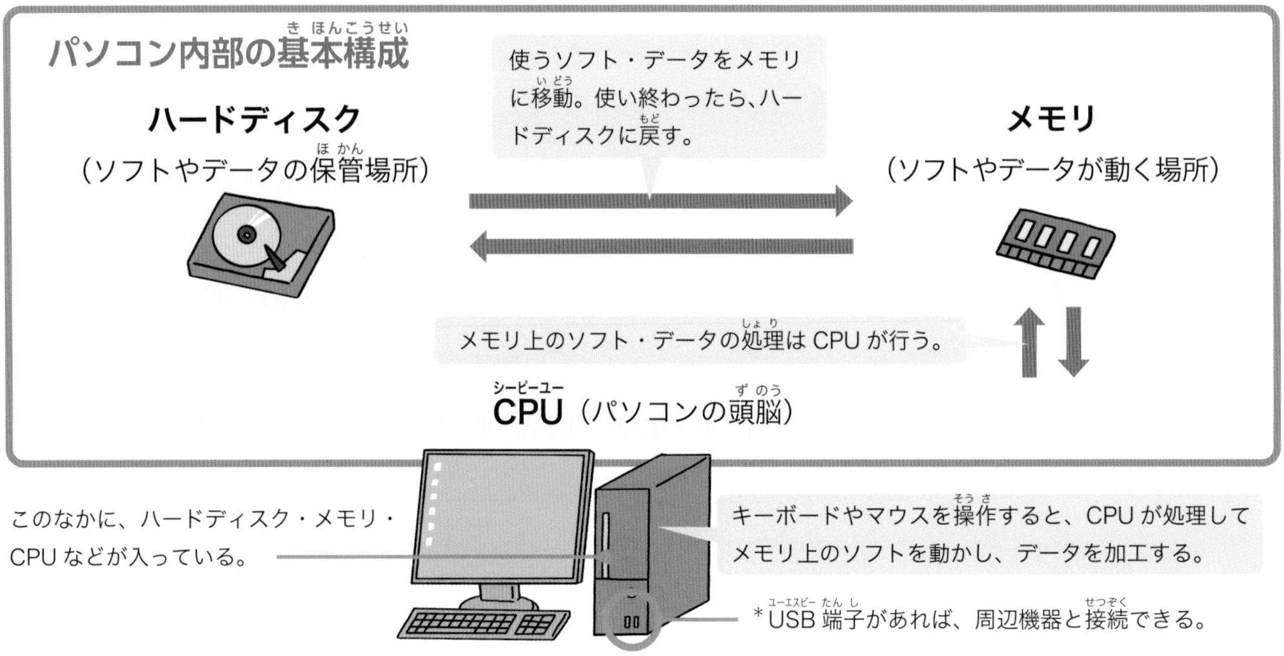

USB《ユーエスビー》･･･パソコンと周辺機器をつなぐ際《さい》の世界標準規格《ひょうじゅんきかく》。

算機」と訳《やく》され、もともとは大学や研究施《し》設《せつ》などで使われていた大型《おおがた》のものでした。そこから、個人《こじん》でも使える小型の「パーソナル・コンピューター（パソコン、PC《ピーシー》)」が誕生《たんじょう》しました。PCには、ソフトウェアを入れることでさまざまな機能《きのう》を持たせることができます。ただし、PCも、誕生当初から今のようにだれもが簡単《かんたん》に使えるものだったわけではありません。

個人《こじん》が使える コンピューターの登場

誕生《たんじょう》からしばらく、PC《ピーシー》はCPU《シーピーユー》を基《もと》にして自分で部品を組み立てて作るものであり、ごく一部の愛好家が使うものでした。しかし、1977年に発売されたアップルコンピュータの「Apple Ⅱ《アップルツー》」は、PCとして必要な部品が最初から組みあがった完成品で、それまでのPCに比《くら》べるととても使いやすいものでした。

1984年には、アップルコンピュータ「Macintosh《マッキントッシュ》」初代モデルが米国で発売されます。このMacintoshは、「グラフィカル・ユーザー・インターフェイス(GUI《ジーユーアイ》)」と呼《よ》ばれる、マウスで操作《そうさ》できる画面が特徴《とくちょう》でした。それまでのPCは、PCに対する指示《しじ》を文字で入力する必要がありました。現在《げんざい》のPCは、ほとんどGUIを採《さい》用《よう》しています。また、Macintoshは異《こと》なるソフトウェアでも操作方法が統一《とういつ》されているなど、使いやすいものでした。

誕生当初、PCのCPUは8ビット (bit)という情報《じょうほう》量でしたが、次第《しだい》に16ビット、32ビットと増《ふ》えていきました。英語はアルファベット26文字で表現されるのに対し、日本語はひらがな五十音(46文字)とカタカナや漢字なども使う、文字数が多い言葉です。そのため、8ビットPCでは扱《あつか》うのが難《むずか》しかったのですが、16ビットPCにより日本語対応《たいおう》が進みました。また、PCの進化と合わせて、さまざまなソフトウェアが登場します。

情報量《じょうほうりょう》を示《しめ》すビットを箱にたとえると…

電気回路では、電流が通れば「1」、電流が通らないと「0」と判断《はんだん》する。そのため、中に「0」か「1」しか入らない。箱（ビット）1つで、「0」か「1」の情報《じょうほう》を表現《ひょうげん》できる。

1	1	0	1	0	1	0	1
オン	オン	オン	オン	オン	オン	オン	オン
オフ	オフ	オフ	オフ	オフ	オフ	オフ	オフ

1ビット

箱（ビット）が8個《こ》あるのが8ビット。それぞれの箱には、電流のオン・オフで「0」か「1」が入るので、8ビットだと、「0」と「1」の組み合わせで、2×2×2×2×2×2×2×2＝256種類の情報を表現できる。

パソコン普及《ふきゅう》元年 Windows《ウィンドウズ》 95の登場

PC《ピーシー》の登場により、コンピューターは個《こ》人《じん》でも使えるものとなりましたが、それでもまだ、だれもが気軽に使えるものではありませんでした。PCを社会に一気に普《ふ》及《きゅう》させたのは、1995年、マイクロソフト社が発売した*OS《オーエス》「Windows《ウィンドウズ》 95」です。その発売日は、世界各国で一大イベントとなり、販売店には行列ができました。この年は、マスコミで「パソコン普及元年」と称《しょう》されたほどです。

Windows 95は、必要な表示《ひょうじ》をシンプルにまとめたGUI《ジーユーアイ》で、初心者でも使いやすく、PCに関する専門的《せんもんてき》な知識《ちしき》がなくても操作《そうさ》しやすい設計《せっけい》でした。このGUIは基本《きほん》の設計として、2009年10月に発売されたWindows 7まで引《ひ》き継《つ》がれます。

Windows 95は、利用できるソフトウェアの種類も多く、ネットワークへの接続《せつぞく》機能《きのう》も強化されました。インターネットに接続して*Web《ウェブ》サイトを見るソフトウェアを「Web《ウェブ》ブラウザー」と呼《よ》び、Windows 95には「Internet Explorer（IE《アイイー》＝インターネット・エクスプローラー)」が搭載《とうさい》されました。IEは当初、簡単《かんたん》な機能しかなかったのですが、約1年後には十分な機能を持つ状態《じょうたい》に開発が進められます。さらにその後、IEはOSであるWindowsの機能の一部として一体化され、Windowsとともに進化していきました。

爆発的《ばくはつてき》に売れたWindows《ウィンドウズ》 95

1995年11月23日に日本で一斉《いっせい》に発売されると、全国の取扱店《とりあつかいてん》は、Windows《ウィンドウズ》 95を買い求める人たちで大混雑《だいこんざつ》した。

大流行を巻《ま》き起《お》こした iMac《アイマック》の発売

アップルコンピュータの主力商品であったMacintosh《マッキントッシュ》は、Windows《ウィンドウズ》 95の発売以降《いこう》、急激《きゅうげき》に売上《うりあげ》が落ちていきました。その状況《じょうきょう》を変えたのが、1998年8月発売の「iMac《アイマック》」です。iMacは、PC《ピーシー》本体と表《ひょう》示《じ》画面としてのディスプレイを一体化した柔《やわ》らかな流線形、「ボンダイブルー」と名付けられた青緑色の半透明《はんとうめい》デザインで、

OS《オーエス》…オペレーティング・システムの略《りゃく》。パソコン全体を制御《せいぎょ》する基盤《きばん》となるシステム。
Web《ウェブ》サイト…インターネット上で見られるデータファイル(Webページ)の集まったもの。ホームページともいう。

PCのイメージを大きく変えるものでした。この半透明デザインは、その後、大流行します。他にも、新たな接続《せつぞく》方法であるUSB《ユーエスビー》を採用《さいよう》、外部への接続を必要なものに絞《しぼ》り込《こ》み、シンプルな設計《せっけい》としました。この USB での接続は、後に Windows にも広がります。

ノートPC《ピーシー》が登場
PC普及率《ふきゅうりつ》50%超《ご》え

PC《ピーシー》の普及《ふきゅう》には、気軽に持ち運べるノート型《がた》パーソナル・コンピューター（ノートPC)の登場も影響《えいきょう》しています。実は、ノート PC の商品化は、日本のメーカーの大きな成果です。現在《げんざい》のノート PC のはじまりといえるのが、1989 年に東芝《とうしば》が発売した DynaBook《ダイナブック》（J-3100 SS001) です。これ以降《いこう》、ノート PC の小型化・軽量化と技《ぎ》術《じゅつ》向上が進み、2000 年度には日本国内でノート PC 出荷《しゅっか》台数がデスクトップ型 PC を上回りました。

この年度は、PC の世帯普及率《ふきゅうりつ》が 50% を超《こ》えた年度でもあります。

PC の技術向上が進むなか、2001 年に登場した「Windows《ウィンドウズ》 XP《エックスピー》」は、それまでの OS《オーエス》 が作業途中《とちゅう》に止まるフリーズを起こしやすいという問題を解決《かいけつ》、PC を安定して使えるものにしました。

これは 2009 年に発売された「Windows 7」でさらに強化されました。米国アップル社も2003年にMac OS X「v10.3 (Panther《パンサー》)」を発表、PC を普段《ふだん》使いできる存在《そんざい》にしました。

けれども、その後 PC は、データの処《しょ》理《り》速度や容量《ようりょう》の向上、*タブレット操作《そうさ》への対応《たいおう》などの進化は続くものの、大きな変化は少なく、スマートフォンやタブレットなどのモバイル端末《たんまつ》の利用率が上がっていきます。

スマホ、タブレットの利用が増《ふ》えつつある

※年齢《ねんれい》が満 20 歳《さい》以上の世帯構成員がいる世帯（全国）に対して行った、インターネットに接続する際に利用する機器に関する統計調査。

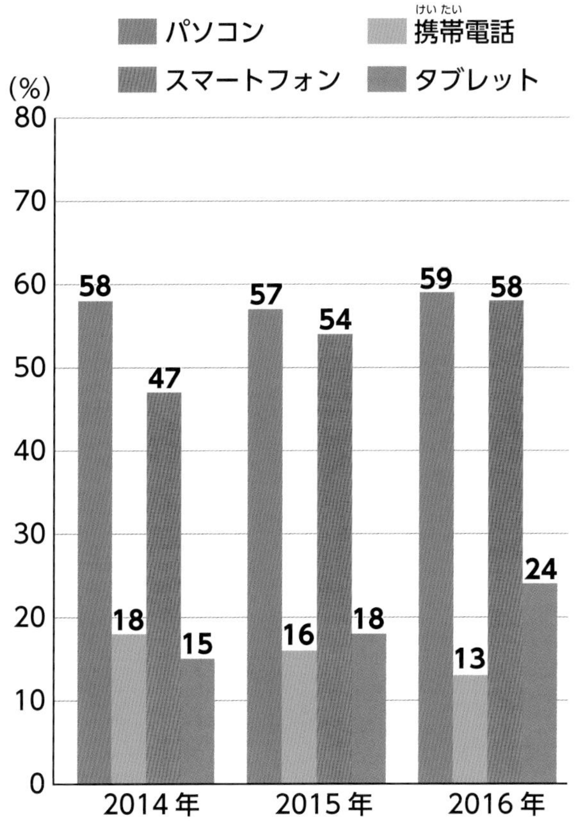

（出典）総務省「平成 29 年版情報通信白書」

タブレット・・・元の意味は、文字を記した石板のこと。転じて、板状《いたじょう》のコンピューター端末《たんまつ》の総称《そうしょう》となった。

2 持ち運べる情報《じょうほう》端末《たんまつ》が大進化！

どこでも通信できる携帯《けいたい》電話の登場

PC《ピーシー》とともに社会のデジタル化を大きく進めたのが、携帯《けいたい》電話です。携帯電話の機能《きのう》はもともと電話やメールが中心でしたが次第《しだい》に多機能になり、スマートフォンの登場により、インターネットに接続《せつぞく》してPCのような機能を利用できるようになりました。総務省《そうむしょう》発表の平成《へいせい》29年（2017年）通信利用動向調査《ちょうさ》では、個人《こじん》のインターネット利用に使われる機器について、スマートフォンがはじめてPCを上回りました。以降《いこう》、スマートフォンの利用率《りようりつ》は伸《の》びつづけています。

「携帯電話《けいたいでんわ》」の登場は1987年、NTT《エヌ・ティ・ティ》のサービスとして誕生《たんじょう》しました。移動しながら通話できる電話としては、以前に「ショルダーホン」というものもありましたが、重量約3kgの大きなもので、価格も高く、個人利用は難《むずか》しいものでした。

個人《こじん》のインターネット利用機器の状況《じょうきょう》は、PC《ピーシー》よりもスマホの時代

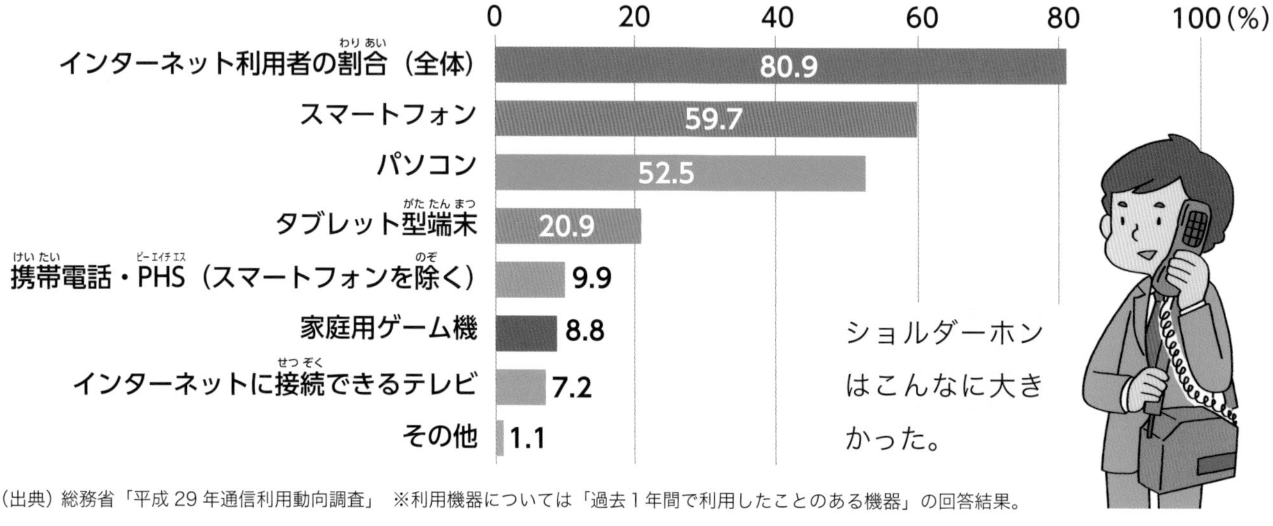

ショルダーホンはこんなに大きかった。

（出典）総務省「平成29年通信利用動向調査」 ※利用機器については「過去1年間で利用したことのある機器」の回答結果。

その後、携帯電話は小型化《こがたか》・低料金化していくのですが、その前に移動通信サービスとして日本で普及《ふきゅう》したのが、ポケットベル（ポケベル）です。ポケベルは、プッシュ式電話から送られた数字メッセージを受信できる端末とサービスです。携帯電話のように自由な文字情報《じょうほう》は送れませんが、「4649（よろしく）」「999（サンキュー）」などの数字の語呂合《ごろあ》わせによるメッセージ送信が、若《わか》い世代で流行しました。ポケベルは当時のドラマや歌謡曲《かようきょく》の題材にもなり、社会現象《げんしょう》を巻《ま》き起《お》こしました。

本当に“携帯《けいたい》”できる
携帯電話に進化した！

1991年、NTT《エヌ・ティ・ティ》が、当時世界最小とされた超小型携帯《ちょうこがたけいたい》電話 mova《ムーバ》シリーズの端《たん》末《まつ》を発売しました。発売当初の本体重量は約230gで、それまでの機種に比《くら》べかなりの軽量化、小型化が実現《じつげん》したのです。

1993年からは、携帯電話の通信がアナログ方式からデジタル方式へと変わり、通信品質《ひんしつ》が向上します。1990年代には携帯電話サービスに関する規制《きせい》が緩《ゆる》められ、多くの会社が携帯電話事業に参入、料金が低下し、さまざまな端末が登場しました。

携帯《けいたい》電話のライバルだった
PHS《ピーエイチエス》って知ってる!?

1995年になると、携帯《けいたい》電話と並行《へいこう》して、もうひとつの移動《いどう》通信サービスが誕生《たんじょう》しました。PHS《ピーエイチエス》(Personal Handy Phone System：パーソナル・ハンディフォン・システム）です。PHSは、携帯電話と同じようなデザインをしていますが、通信方法に違《ちが》いがあります。

携帯電話は、基地局《きちきょく》から発する高出力の電波で広いエリアをカバーしますが、PHSは、一般《いっぱん》電話回線から小型の基地局を中継して通信を行います。PHSの基地局は一つひとつの対応範囲《たいおうはんい》は狭《せま》いものの、基地局設置《せっち》にかかる費用《ひよう》が安く、当時は携帯電話の電波が弱かった地下鉄や大規模《だいきぼ》ビルなどでの通信も安定していました。

これらの理由から、PHSを選ぶ人も多く、若《わか》い世代ではポケベルからPHSへの切《き》り替《か》えも見られました。

しかし、PHSは基地局の整備《せいび》が進まなかったことや、携帯電話が低料金化、多《た》機能化《きのうか》したことで、最終的には利用者が減少《げんしょう》していきます。ポケベルの一般向けサービスは2019年9月末、PHSは2021年1月末にサービスを終了《しゅうりょう》。移動式通信サービスは携帯電話にしぼられました。

フィーチャーフォン全盛期《ぜんせいき》

スマートフォン以外の携帯《けいたい》電話は「フィーチャーフォン」と呼《よ》ばれます。今ではほとんどがスマートフォンですが、1999年～2008年頃《ごろ》は、携帯電話といえばフィーチャーフォンでした。フィーチャーフォン普《ふ》及《きゅう》のきっかけが、1999年、NTT《エヌ・ティ・ティ》ドコモが携帯電話でインターネットに接続《せつぞく》できるサービス「i《アイ》モード」を開始したことです。これに続き、他の携帯電話会社も同じようなサービスを開始。PC《ピーシー》を持っていない人も、携帯電話でインターネットを利用できるようになりました。そしてこれ以《い》降《こう》、下図のように携帯電話にさまざまな機能《きのう》が加わり、携帯電話はより便利になっていきます。

その一方で日本のフィーチャーフォンは、独自《どくじ》の進化を遂《と》げたため世界の標準《ひょうじゅん》とは異《こと》なる点もありました。ここから、特に日本のフィーチャーフォンについて「ガラパゴスケータイ（ガラケー）」という呼《よ》び名《な》が生まれました。「ガラパゴス」は陸地から離《はな》れた孤島《ことう》のため、生物が独自に進化したことで有名です。

iPhone《アイフォーン》の発売がスマホを広めた

日本でフィーチャーフォンが多機能化《たきのうか》する一方、2007年1月に米国アップル社が発表したのが「iPhone《アイフォーン》」です。iPhoneの誕生《たんじょう》により、フィーチャーフォンとは違《ちが》う、PC《ピーシー》に近い携帯《けいたい》電話端末《たんまつ》を「スマートフォン」と呼《よ》ぶようになりました。

フィーチャーフォンが、あくまでも電話機能を主体として、携帯電話専用《せんよう》のさま

携帯《けいたい》電話には、次々と新しい機能《きのう》やサービスが生まれた

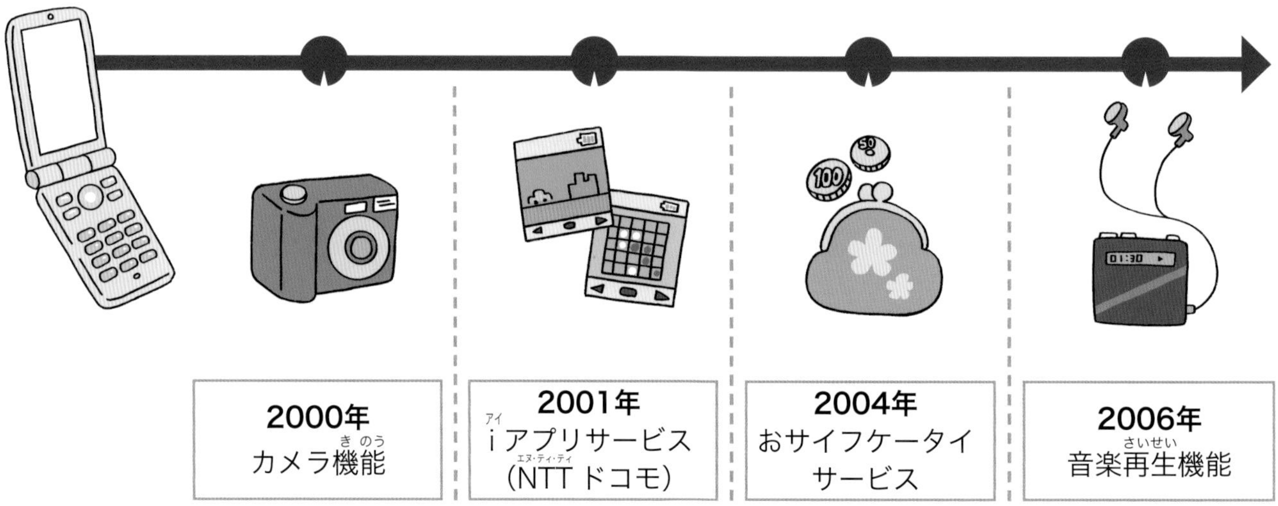

ざまな機能を搭載《とうさい》したのに対し、iPhoneをはじめとするスマートフォンは、電話機能は搭載*アプリケーションソフト（アプリ）のひとつでしかなく、アプリの購入《こうにゅう》によりさまざまな機能を追加できるという、PCのような仕組みです。特にiPhoneは、操作《そうさ》はホームボタンとタッチパネルで行い、説明書がなくても操作できるような分かりやすい設計《せっけい》となっていました。

iPhone登場以降《いこう》、携帯電話の主流はスマートフォンへと変わります。2007年11月、米国グーグル社が中心となって公開したのが、スマートフォン向けのOS《オーエス》「Android《アンドロイド》」です。iPhoneは、OS（iOS《アイオーエス》）と端末が一体で、その情報《じょうほう》は公開されていません。一方のAndroidは、OSの仕組みを一般《いっぱん》公開することで、さまざまなメーカーにAndroid搭載の端末を開発・販売《はんばい》してもらう戦略《せんりゃく》をとりました。

PC《ピーシー》とスマホの間、タブレット誕生《たんじょう》

2010年4月、米国アップル社よりタブレット端末《たんまつ》「iPad《アイパッド》」が発売されました。PC《ピーシー》と同じような機能《きのう》を、スマートフォンのように手軽に使えるこの端末は、大きな話題となりました。iPadに続く形で、競合他社もAndroid《アンドロイド》 OS《オーエス》を使ったタブレット製品《せいひん》を続々と発売していき、PCの売《うり》上《あげ》に迫《せま》る人気製品となります。

スマートフォンとフィーチャーフォン（ガラケー）を比較《ひかく》すると・・・

	スマートフォン	フィーチャーフォン（ガラケー）
通信方式	4G《フォージー》、5G《ファイブ》（→ 30ページ）まで対応《たいおう》あり Wi-Fi《ワイファイ》を利用できる	3G《スリー》（→ 30ページ）までしか対応していない Wi-Fiは利用できないことが多い
メール	携帯《けいたい》電話会社のメール プロバイダーメール、Web《ウェブ》メール	携帯電話会社のメール
Web利用	スマートフォン・PC《ピーシー》向け Webページ利用可能《かのう》	フィーチャーフォン対応 Webページのみ利用可能なことが多い
機能《きのう》追加	アプリによるさまざまな機能追加が可能	フィーチャーフォン向けアプリもあるが、基本《きほん》は最初に搭載《とうさい》された機能のみ

アプリケーションソフト（アプリ）・・・特定の目的・機能《きのう》のために使用されるソフトウェア。

3 世界とつながる可能性《かのうせい》を広げるインターネット

あらゆるものがネットにつながる時代へ

ここまで紹介《しょうかい》してきた、PC《ピーシー》、携帯《けいたい》電話、タブレットなどの情報端末《じょうほうたんまつ》は、コンピューターの進化です。そして、社会のデジタル化を進めるために同時に重要なのが、インターネットの進化です。インターネットに接続《せつぞく》することは、情報端末の重要な機能《きのう》です。インターネットに接続する回線や施設《しせつ》とインターネットに接続できる情報端末、これら「通信インフラ」が進化してきたからこそ、社会のデジタル化はここまで進んできました。

また、家電などそれまでインターネットに接続することのなかったものもインターネットにつながる、IoT《アイオーティー》も進んでいます。ここからは、インターネットの発展《はってん》の流れと、IoT の可能性《かのうせい》を紹介《しょうかい》していきます。

インターネットの発展《はってん》の歴史《れきし》

1967年	米国でインターネットのはじまり 「ARPAnet《アーパネット》」誕生《たんじょう》
1984年	日本におけるインターネットのはじまり 「JUNET《ジェイユーネット》」誕生
1985年	パソコン通信の民間利用開始
1990年	ワールド・ワイド・ウェブ（WWW）誕生
1992年	インターネットのビジネス利用解禁《かいきん》
1993年	ワールド・ワイド・ウェブ（WWW）一般《いっぱん》に開放
1994年	ダイヤルアップ IP《アイピー》接続《せつぞく》サービス開始
1995年	Windows《ウィンドウズ》 95 発売、インターネットの利用が一般に普及《ふきゅう》
1997年	インターネット常時接続《じょうじせつぞく》サービス開始
1998年	検索《けんさく》エンジン「Google《グーグル》」登場
1999年	定額《ていがく》ADSL《エーディーエスエル》接続サービス開始
2001年	家庭向け光ファイバーサービスが本格化 第3世代移動《いどう》通信システム（3G《スリージー》）サービス開始
2003年	米国アップル社が Web《ウェブ》 ブラウザー「Safari《サファリ》」を Mac《マック》 に搭載《とうさい》
2008年	米国グーグル社が Web ブラウザー「Chrome《クローム》」をリリース
2010年	第4世代移動通信システム（4《フォー》G）サービス開始
2020年	第5世代移動通信システム（5《ファイブ》G）サービス開始

インターネットより前の“ネット”とは？

インターネットとは、コンピューター同《どう》士《し》を世界規模《きぼ》でつなぐネットワークのことです。1967年にアメリカで、インターネットの原型《げんけい》ともいうべきネットワークが誕《たん》生《じょう》し、1992年にビジネス利用が可能《かのう》となったことで、一気に利用が広がりました。

しかし、インターネットの登場以前にも、コンピューター同士をつなぐネットワークは存在《そんざい》していました。それが「パソコン通信」と呼《よ》ばれるネットワークです。パソコン通信は、電話回線などを利用して通信事業者のコンピューター（=ホストコンピューター）に接続《せつぞく》する仕組みです。日本国内では1980年代半ばからPC《ピーシー》愛好家を中心に利用され、1996年には利用者が573万人にまで増加《ぞうか》しました。

パソコン通信は、ホストコンピューターに接続すると、メールや掲示板《けいじばん》、チャットなどでネットワークにつながっているコンピューター同士でたがいにコミュニケーションをとったり、ニュースやデータベース検索《けんさく》などの情報提供《じょうほうていきょう》サービスを利用したりすることができました。インターネットと同じようなことができるようですが、情報のやり取りができるのは、同じホストコンピューターに接続しているユーザー同士に限定《げんてい》されていました。異《こと》なるホストコンピューターに接続しているユーザーとは情報をやり取りできないところが、インターネットと大きく異なるところです。

パソコン通信は、インターネットの登場で1990年代後半から利用者が減《へ》っていき、その後、ネットワークを提供していた通信事業者がサービスを終了《しゅうりょう》しました。

パソコン通信の仕組み

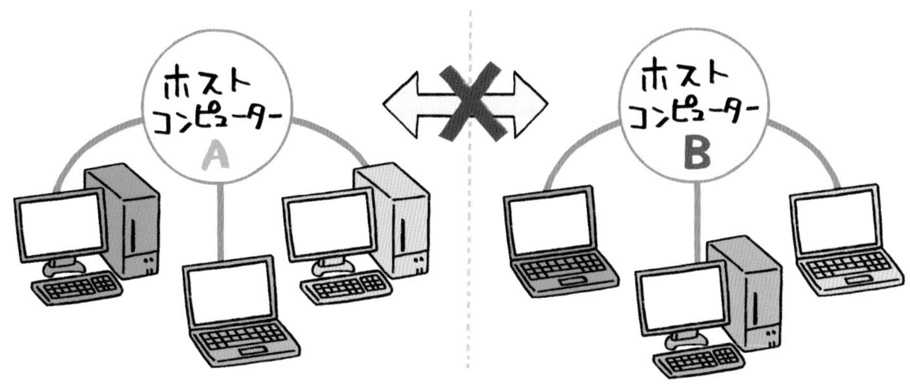

同じホストコンピューターとつながっているユーザー（パソコン）のみでコミュニケーションが可能《かのう》な仕組み。そのため、異《こと》なるホストコンピューターのユーザー（パソコン）とはコミュニケーションできない。

インターネットはいつ生まれた？

インターネットのはじまり（原型《げんけい》）となるネットワークが、1967年にアメリカで誕《たん》生《じょう》した「ARPAnet《アーパネット》」です。

ただし、このネットワークは、大学や研究機関での情報《じょうほう》共有に限定《げんてい》されていました。日本でも1984年に同様のネットワークが誕生します。

このように、インターネットはもともと研究のためのものでビジネス利用が禁止《きんし》されていましたが、1992年に解禁《かいきん》され、一般《いっぱん》開放されます。そこから、インターネットが世界に急速に広まったのです。

Web《ウェブ》ページを見られるのはなぜ？

インターネット上にあるさまざまなWeb《ウェブ》ページの情報《じょうほう》は、「Webサーバー」というところに存在《そんざい》します。その場所を示《しめ》す、インターネット上の住所にあたるものが「https://」などから始まる「URL《ユーアールエル》」です。何らかのWebページを開いてそこにあるリンクをクリックすると、リンク先のページに移動《いどう》できます。この仕組みを「ワールド・ワイド・ウェブ（WWW）」といい、「Web」という言葉はここからきています。

PC《ピーシー》やスマートフォンなどの情報端末《たんまつ》でWebページを見ることができるのは、

インターネットの仕組み

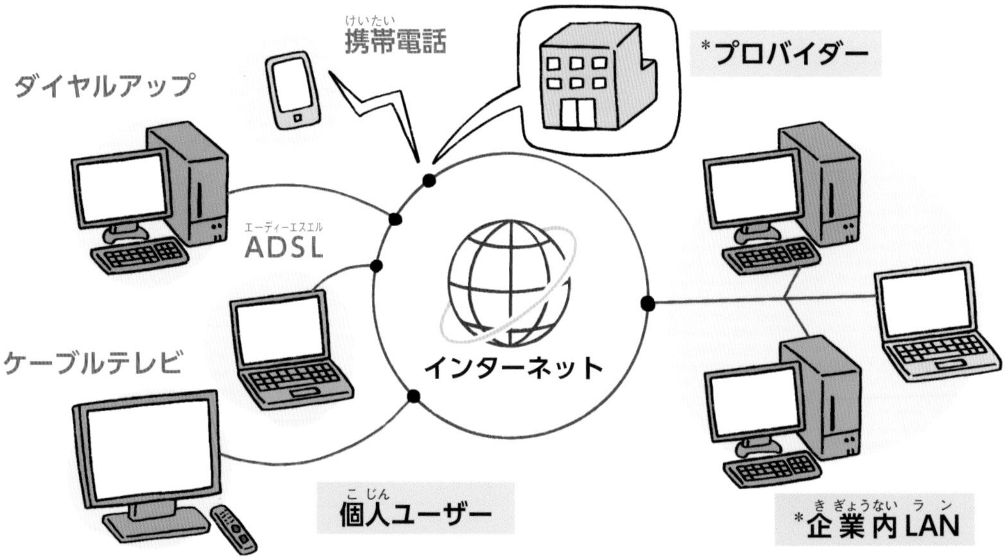

インターネットの仕組みでは、パソコン通信でいう「ホストコンピューター」という考え方はなく、インターネット自体がひとつのネットワークのようになっており（ネットワーク同士《どうし》がつながっている場合もある）、インターネットにつながるコンピューターなら、基本的《きほんてき》に情報《じょうほう》をやり取りできる。

プロバイダー…インターネットへの接続《せつぞく》サービスを提供《ていきょう》している事業者。
(企業内《きぎょうない》)LAN…ローカルエリアネットワーク。限《かぎ》られた範囲内《はんいない》のPC《ピーシー》をつなぐネットワーク。

「Webブラウザー」という閲覧《えつらん》ソフトウェアのおかげです。Webブラウザーは、インターネットを通じてWebサーバーから情報を受け取り、PC《ピーシー》やスマートフォンにWebページを表示《ひょうじ》します。

Windows《ウィンドウズ》 95には、IE《アイイー》(Internet Explorer《インターネット・エクスプローラー》)というWebブラウザーが入っていました。その後、IEがOS《オーエス》であるWindowsに一体化されたことで、Windowsの普《ふ》及《きゅう》とともにIEがWebブラウザーの主流となります。他の会社でもWebブラウザーの開発は進められていましたが、IEの優位《ゆうい》はしばらく変わりませんでした。

その状況《じょうきょう》を大きく変えたのが、米国グーグル社が2008年にリリースした「Chrome《クローム》」です。Chromeは、動作速度が速いことやひとつのウィンドウ内に複数《ふくすう》のページを表示するタブ機能《きのう》など、多くの人にとって使いやすいWebブラウザーでした。2022年時点ではChromeがWebブラウザーの主流となっています。

また、Mac《マック》やiPhone《アイフォーン》などのアップル製品《せいひん》には「Safari《サファリ》」というWebブラウザーが搭載《とうさい》されています。

主なブラウザーソフト

Google Chrome （グーグル・クローム）	グーグル社が開発・提供《ていきょう》しているWebブラウザー。
Microsoft Edge （マイクロソフト・エッジ）	マイクロソフト社が開発・提供しているWebブラウザー。
IE （インターネット・エクスプローラー）	マイクロソフト社が開発したWebブラウザー。すでにサービスは終了《しゅうりょう》している。
Safari （サファリ）	アップル社が開発・提供しているWebブラウザー。
Mozilla Firefox （モジラ・ファイアーフォックス）	モジラコーポレーションなどによって開発・提供されているWebブラウザー。

Web《ウェブ》ページがパソコンで見られる仕組み

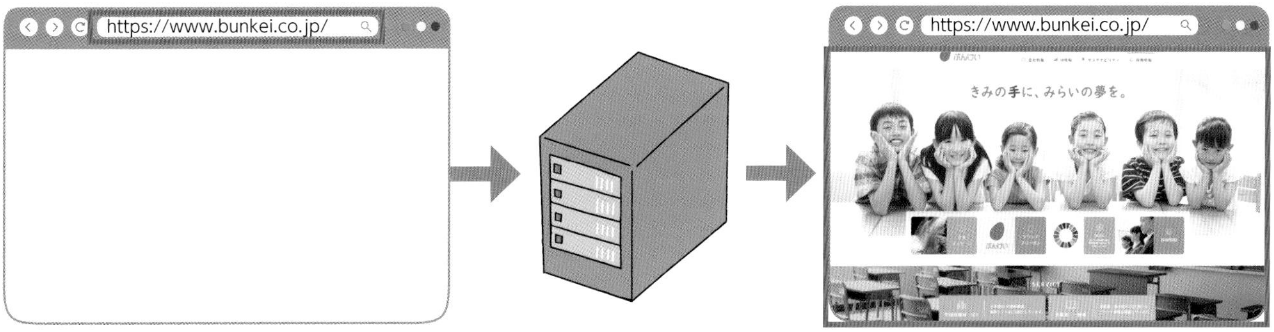

Web《ウェブ》ブラウザーで、Webページの住所にあたるURL《ユーアールエル》を入力。

ブラウザーがサーバーに対して、指定したURLのページ情報《じょうほう》を要求する。

要求に応《おう》じて、Webブラウザーにページの情報が送られ、表示《ひょうじ》される。

Web《ウェブ》ページが増《ふ》え 検索《けんさく》エンジンが登場

1993年以降《いこう》、インターネットが一般《いっぱん》に開放されると、「プロバイダー」と呼《よ》ばれる、ネットワークへの接続《せつぞく》サービスを提供《ていきょう》する会社が、Web《ウェブ》サーバーを提供しはじめます。これにより、1990年代後半はWebページが急増《きゅうぞう》、多くの「ホームページ(Webサイト)」が作られました。

Webページが増《ふ》えると、それらを整理して案内する「Yahoo!《ヤフー》」などの*ポータルサイトが登場、さらに、「goo《グー》」などの検索《けんさく》エンジンが登場しました。1998年に登場した「Google《グーグル》」もそのひとつ。それまでにないシンプルなデザインと、検索結果の的《てき》確《かく》さが評価《ひょうか》され、急速に利用者数を増やしました。

いつでもどこでも つながる通信インフラ

インターネットの一般《いっぱん》開放当時、インターネット接続《せつぞく》は、電話回線を使った「ダイヤルアップ接続」が主流でした。この方法は通信速度が遅《おそ》く、電話とインターネットを同時に使えませんでした。また、データ量に応《おう》じて料金が上がる仕組みだったので、多くの人は、必要なときだけインターネットにつないでいました。その後、1999年に開始された「ADSL《エーディーエスエル》」という通信技術《ぎじゅつ》により通信が高速化し、電話とインターネットが同時に使用でき、一定料金でつねにインターネットに接続できるようになりました。2000年にはADSLサービス提供《ていきょう》に関するルールの整備《せいび》が行われ、より多くの事業者が参入できるようになり、低価格《ていかかく》で高速の通信サービスが増《ふ》えていきました。

その後、ADSLより通信速度の速い光ファイバーを使った光回線なども登場します。このように高速で大量のデータを通信できるインターネット接続サービスを「ブロードバンド」といいます。

ADSLや光回線などは、通信の基地局《きちきょく》からインターネットを利用する建物までを回線でつなぐ「固定通信」です。一方、携帯《けいたい》電話などに使われる、基地局から電波でデータをやり取りする「移動《いどう》通信」も進化してきました。これは「キャリア」と呼《よ》ばれる携帯電話などの通信会社が提供しています。移動通信システムを表す言葉として、「3G《スリージー》」「4《フォー》G」「5《ファイブ》G」などがあります。「G」は「Generation《ジェネレーション》=世代」のことで、3G=第3世代移動通信システムという意味です。2001年に3Gの本格《ほんかく》サービスが開始されたことで携帯電話の多機能化《たきのうか》が進み、2010年開始の4Gサービスにより通信

ポータルサイト・・・インターネットを使ってWeb《ウェブ》ページを見る際《さい》に、入口(ポータル)となるWebサイトのこと。

速度の高速化とデータの大容量化《だいようりょうか》が実現《じつげん》しました。2020年3月には、5Gサービスが日本でも開始されました。

移動通信の方法として、他にも、光回線につながった通信機器「ルーター」からの電波でデータをやり取りする「Wi-Fi《ワイファイ》」があります。Wi-Fiは2000年代に入り普《ふ》及《きゅう》しはじめ、2010年代に高速・大容量の通信が実現しました。

通信の高速化で広がるインターネットの可能性《かのうせい》

高速かつ大容量《だいようりょう》の通信が可能《かのう》になったことで、インターネットは個人《こじん》も気軽に情《じょう》報《ほう》を発信できる場となっていきます。2000年代にはいると「アメーバブログ」などのブログサービスが相次いで登場、こういったブログサービスの投稿者《とうこうしゃ》は2004年半ばには100万人にまで成長します。SNS《エスエヌエス》では2004年に「mixi《ミクシィ》」と「GREE《グリー》」がサービスを開始し、国内会員数2500万人を超《こ》えるまでに成長していきました。さらに、2006年には「ニコニコ動画」、2007年には「YouTube《ユーチューブ》」の日本語版《ばん》サービスが開始するなど、動画共有サービスも普及《ふきゅう》していきます。

また、リアルタイムでの放送と同時に視聴者《しちょうしゃ》がチャットで交流できる仕組みを持つ「Ustream《ユーストリーム》」と「ニコニコ生放送」などもサービスを開始しました。

光回線（固定通信）、5G《ファイブジー》（移動《いどう》通信）で、高速・大容量化《だいようりょうか》している

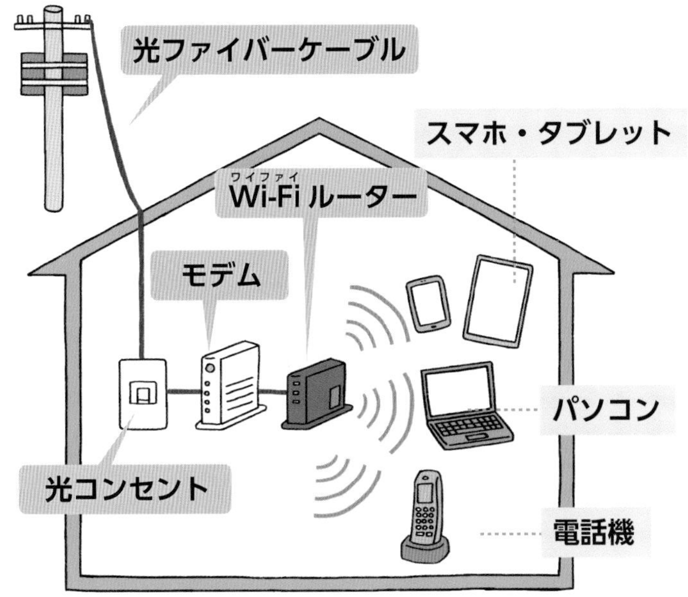

屋内では、Wi-Fi《ワイファイ》ルーターという機器を経由《けいゆ》すると、無線で、その先のネットワーク（電話相手やインターネット）とつながる。

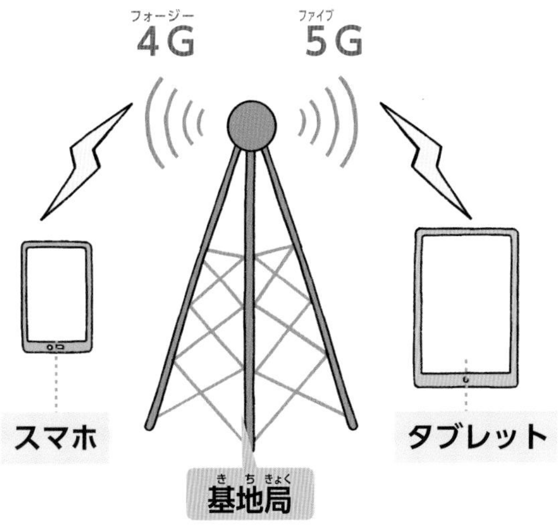

外では基地局《きちきょく》が電波をキャッチして、その先のネットワークを経由して、電話相手やインターネットとつながる。

だれもが情報《じょうほう》発信者に なれる時代に!!

2007年にiPhone《アイフォーン》が登場してから、スマートフォンは急速に普及《ふきゅう》しました。

スマートフォン利用者が増《ふ》えたことで起きた変化が、SNS《エスエヌエス》の利用率《りようりつ》や利用時間の増加《ぞうか》です。総務省《そうむしょう》の「情報《じょうほう》通信白書 平成《へいせい》29年版《ばん》」では、2012年には41.4%だったSNS利用率が、2016年には71.2%にまで上昇《じょうしょう》していることが分かります。また、同じく総務省発表の資料《しりょう》「情報通信メディアの利用時間と情報行動に関する調《ちょう》査報告書《さほうこくしょ》」にあるデータによると、モバイル機器でのSNS利用時間は2012年～2017年で約4倍になっています。

なお、主要なSNSのサービス開始年を見てみると、2004年にFacebook《フェイスブック》、2006年にTwitter《ツイッター》、2010年にInstagram《インスタグラム》、2011年にLINE《ライン》がサービスを開始しています。総務省の情報通信白書は毎年発表されていますが、そのなかでSNSという言葉が解説《かいせつ》されたのが平成18年（2006年）版、SNS利用者の増加についてふれられるようになったのが、平成23年（2011年）版です。

SNSは、スマートフォン上のひとつの動作で「いいね！」や「シェア」、「リツイート」など、情報の共有や拡散《かくさん》がリアルタイムでできます。このことは、個人《こじん》の情報発信のハードルを大きく下げました。また、LINEのようなコミュニケーションアプリが連絡手段《れんらくしゅだん》の定番となったことで、SNSをそれほど使いこなしていないユーザーでも、オンラインでのリアルタイムのコミュニケーションに参加するきっかけとなりました。

モバイル機器によるインターネット利用項目《こうもく》別平均《へいきん》利用時間

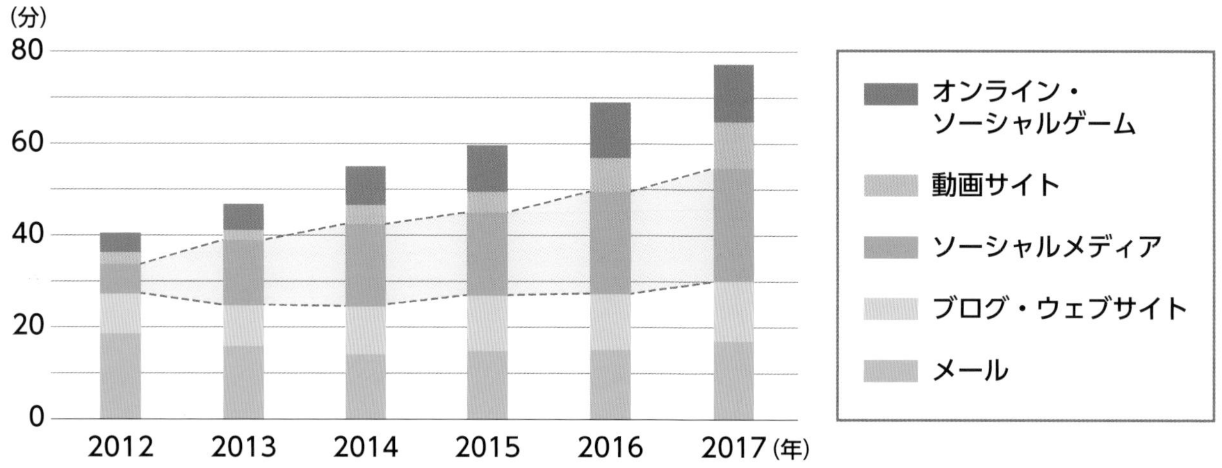

（出典）総務省情報通信政策研究所「情報通信メディアの利用時間と情報行動に関する調査報告書」各年版を基に作成

ソーシャルメディア（SNS《エスエヌエス》）の利用時間は、2017年には、2012年の約4倍にも増《ふ》えている。

「モノのインターネット」が生活も変える？

IoT《アイオーティー》という言葉が示《しめ》すように、今、インターネットにつながるものは、PC《ピーシー》や携帯《けいたい》電話などの限《かぎ》られた情報端末《じょうほうたんまつ》だけではありません。

たとえば「スマート家電」。これは、インターネットにつながることで離《はな》れていても操作《そうさ》ができる家電です。専用《せんよう》のスマートフォンアプリを通じて操作するのが基本《きほん》で、エアコンや照明のオンオフ、鍵《かぎ》の開け閉めや冷蔵庫《れいぞうこ》の中身のチェックなどを、家の外から行うことができます。インターネットにつながる機能《きのう》がない家電でも、それらを赤外線で操作できる「スマートリモコン」も登場しています。スマートリモコンに専用のスマートフォンアプリを通じて指示《しじ》を出すことで、そこにつながる家電も操作できます。

さらには「ウェアラブル端末」。これは、スマートウォッチと呼《よ》ばれる時計、スマートグラスと呼ばれるメガネのような、身に付けられるコンピューター端末のことです。手ぶらで操作ができるだけでなく、運動量や健康状態《じょうたい》をつねに記録して健康管理に役立てたり、現実《げんじつ》世界の景色に仮想《かそう》空間の映像を重ね合わせたり、身に付けるからこそその利用ができます。

インターネットが高速化し、スマートフォンの高機能化《こうきのうか》が進んだ現代《げんだい》において、次の社会の変化として注目されるのが、こうしたIoTです。スマートフォンがわたしたちのコミュニケーションのあり方を変えたように、IoTはわたしたちの暮《く》らし方そのものを大きく変化させる可能性《かのうせい》があるのではないでしょうか。

体に装着《そうちゃく》するウェアラブル端末《たんまつ》も、もっと便利になる

スマートグラスを使ってWeb《ウェブ》カメラで室内の様子を確認《かくにん》し、スマートウォッチのリモコン機能《きのう》で家電を操作《そうさ》する、といったことも可能《かのう》に。

コラム

学校のデジタル化で授業《じゅぎょう》はどう変わる？

デジタル化は、学校でも進んでいます。そのひとつの大きな取り組みが、文部科学省《もんぶかがくしょう》が中心となって進めている教科書のデジタル化です。2018 年 12 月に、学習用デジタル教科書に関するガイドラインが発表され、翌年《よくねん》 4 月には学習用デジタル教科書を制度化する法律《ほうりつ》が施行《しこう》されました。

デジタル教科書は、紙の教科書と同じ内容《ないよう》を、PC《ピーシー》やタブレット端末《たんまつ》などデジタル機器で見ることができるもので、いろいろなメリットがあります。たとえば、1 台の端末でたくさんの教科書を管理できたり、動画やアニメーションを活用できたりするなどです。

デジタル教科書には、ネットワークやデジタル端末の整備《せいび》・管理にお金と時間がかかるといった課題もありますが、学校教育を担当《たんとう》する文部科学省は、新しく創設《そうせつ》されたデジタル庁《ちょう》とも連携《れんけい》して、小学校でのデジタル教科書の本格導入《ほんかくどうにゅう》を目指しています。

これにくわえて、2020 年頃《ごろ》から、世界的な新型《しんがた》コロナウイルス感染拡大《かんせんかくだい》により、大人数が集まることが難《むずか》しい時期が続いたこともあり、登校しなくてもインターネットを通じて授業《じゅぎょう》が受けられるオンライン授業が実施《じっし》されました。オンライン授業は、登校できない状況《じょうきょう》の生徒でも平等に授業を受けられる仕組みとしても注目されています。

第 3 章

デジタル社会にひそむリスク

1 楽しいだけじゃない、ネット利用の落とし穴《あな》

友だちに伝えただけの発言が全世界に!?

インターネットで情報《じょうほう》を発信するということは、インターネットにつながる全世界の人がその情報を見ることができ、その情報を保存《ほぞん》できるということです。これは、インターネットのメリットでもあり、同時にデメリットでもあります。このことは、SNS《エスエヌエス》での発信でも同じです。

SNSの場合、フォローしてくれている人に向けて投稿《とうこう》をする意識《いしき》が強いと思いますが、その投稿は、見ようと思えば全世界の人が見ることができます。また、「いいね！」や「リツイート」などの拡散機能《かくさんきのう》があるSNSは、自分が思ってもみなかった人にまで情報が届《とど》くこともよくあります。

そうなる前に、その投稿は本当に問題がないか、一度考えるクセをつけましょう。また、インターネットで一度発信した情報は、たとえ自分が発信元となった情報を消したとしても、だれかがその情報を保存している可能性《かのうせい》があります。基本《きほん》的《てき》に、インターネットで発信した情報は完全には消せないもの、と考えて情報発信を行うようにしましょう。

SNSを含《ふく》むインターネットでの情報発信は全世界の人が見ることができ、保存することができるのです。インターネット上のトラブルを防《ふせ》ぐために、まずはこの意識を持つようにしましょう。

個人《こじん》の特定はカンタン？ SNS《エスエヌエス》で思わぬ“身バレ”

プライベートでSNS《エスエヌエス》を使うとき、その投稿《とうこう》をだれもが見ることができる場合は、個人《こじん》を特定できる情報《じょうほう》、いわゆる「身バレ」情報は発信しないようにしましょう。個人を特定できる情報とは、氏名、年齢《ねんれい》、住所、学校名、顔が分かる写真や動画などです。これらの情報は、簡単《かんたん》に悪用できてしまうので、だれもが見ることができるSNSで発信してしまうと危険《きけん》です。

特に、住所が特定できる情報は、発信するつもりはなくてもうっかり発信してしまっていることがあるので気をつけましょう。たとえば、地域《ちいき》が分かってしまう停電《ていでん》や断水《だんすい》、大雨、地震《じしん》などの情報発信には注意が必要です。気をつけていても、写真や動画には、地名や特徴的《とくちょうてき》な建物、風景など住所を特定できるものが映《うつ》り込《こ》みやすいので注意が必要です。また、外出中ということが分かる投稿を、リアルタイムで行わないようにしましょう。そういった投稿には、空き巣にねらわれるなどの危険があります。

前に書いたように、写真や動画は、文章以上に読み取れる情報が多く、発信するつもりのない情報が映《うつ》り込《こ》んでしまうことがあるため、文章以上に注意して投稿前にチェックするクセをつけます。TikTok《ティックトック》などのSNSでは、「踊《おど》ってみた」動画などを投稿することが多いですが、素顔《すがお》は分からないように工夫《くふう》しましょう。また、制《せい》服《ふく》などは学校を特定できてしまうので注意が必要です。

そして、ここで紹介《しょうかい》した注意点は、家族や友人、知らない他人であっても同じです。自分だけでなく、他の人についても、個人を特定できる情報は発信しないのが原則《げんそく》です。

SNS《エスエヌエス》でのこんな情報《じょうほう》発信に要注意!!

自分では、友だちだけに見てもらうつもりでも、世界中に拡散《かくさん》されることも…

こんなことも要注意

➡「いいね！」や「リツイート」により、思っている以上に多くの人に届《とど》くことがあるので、要注意。

➡SNS《エスエヌエス》を含《ふく》むインターネット上に一度発信した情報《じょうほう》は他の人に保存《ほぞん》されることもあり、すべてを消すことは難《むずか》しいので、要注意。

素顔《すがお》の分かる写真、本名の分かる写真。制服《せいふく》など通っている学校が分かる情報《じょうほう》はダメ!!

こんなこともダメ

➡地名が入った看板《かんばん》、自宅《じたく》周辺の風景などが写っている写真は、居住地《きょじゅうち》の特定ができてしまうのでダメ。

➡「家族旅行中！」などの投稿《とうこう》をリアルタイムで行うと、自宅にだれもいないことが分かり、空き巣などの被害《ひがい》につながるのでダメ。

インターネットでもいじめが起こる!?

子どもから大人までだれでも気軽にインターネットを使えるようになった結果、非常《ひじょう》に悲しいことに、インターネットのなかでいじめが起きることがあります。

インターネットのいじめには、いくつかの種類があります。たとえば、掲示板《けいじばん》やSNS《エスエヌエス》などで悪口を書いたり、勝手に個人《こじん》情報《じょうほう》や他の人に見られたくない写真を投稿《とうこう》したり、本人になりすましてひどい投稿をしたりするなど。また、LINE《ライン》などのコミュニケーションツールでの無視《むし》や仲間はずれなどもあります。

インターネットいじめの怖《こわ》い点《てん》は、家にいても休日でも、インターネットを通じていじめが行われるので逃《に》げ場《ば》がなく、精神的《せいしんてき》に追いつめられてしまうことです。また、インターネットでの発信は消すことが難《むずか》しい上、拡散《かくさん》されると多くの人に見られてしまいます。逆《ぎゃく》に、SNSによっては、許可《きょか》された人しか見ることができないので、いじめがあったことが他の人に分かりにくいという場合もあります。

いずれにしても、いじめは許《ゆる》されないことで、絶対《ぜったい》にやってはいけません。もしこういったいじめにあっている場合は、先生や保護者《ほごしゃ》など、周りの大人に相談しましょう。相談しにくい場合は、いじめの相談機関に連絡《れんらく》するのもおすすめです。

また、SNSは文章だけでやり取りをするため、思ってもみなかったことで相手を傷《きず》つけたり、けんかになってしまったりすることがあります。まずは、相手に文章を送る前に必ず読み返し、相手が嫌《いや》な気持ちにならないか考えましょう。また、SNSだけですべてやり取りしようとせず、直接《ちょくせつ》話すなど、気持ちが伝わるコミュニケーションを大切にしましょう。

匿名《とくめい》でも許《ゆる》されないこんな行動

インターネット、特にSNS《エスエヌエス》の悪い面としてあげられるのが、誹謗中傷《ひぼうちゅうしょう》や炎上《えんじょう》が起きやすいことです。

誹謗中傷とは、ある人に対して、その人が嫌《いや》がる悪口を言ったり、その人に関する嘘《うそ》を他の人に言いふらしたりすることです。まずは自分自身が、インターネットでそういったことを発信しないことが大切です。相手が友人や知人であっても、見知らぬ他人であっても、有名人であっても同じです。また、誹謗中傷を見かけたときに、それを広めないことも大切です。あきらかな悪口を広めないのはもちろん、本当かどうか分からないこと、根拠《こんきょ》のないことは広めないようにしましょう。インターネットでの誹謗中傷は、名誉毀損罪《めいよきそんざい》や侮辱罪《ぶじょくざい》として罰則《ばっそく》の対象《たいしょう》となることもあります。

もうひとつ、インターネット、特にSNSの悪い面としてあげられるのが「炎上」です。これは、非難《ひなん》のコメントが殺到《さっとう》した状《じょう》態《たい》をいいます。もっとも炎上しやすいのは、犯罪行為《はんざいこうい》や迷惑《めいわく》行為、食べ物を粗末《そまつ》にするなど他の人が不快《ふかい》になる行為を投《とう》稿《こう》することです。まず、こういった行為は、SNSに投稿する・しないの前に、やってはいけないことです。その上で、こういった行為だと誤解《ごかい》されるような投稿も避《さ》けましょう。匿名《とくめい》ならだいじょうぶと思うかもしれませんが、SNSで匿名の人がだれかを特定することは、意外と簡単《かんたん》です。しかも炎上の記録は消せません。たとえば、進学や就職《しゅうしょく》など、将来《しょうらい》にわたって悪影響《あくえいきょう》が出ることもあるのです。

また、自分では炎上行為をしたつもりはなくても、だれかに対する悪口やきつい言い方が炎上するということもあります。インターネットでの情報《じょうほう》発信は全世界の人が見ることができる、という意識《いしき》を忘《わす》れないようにしましょう。

ネット上でのいじめや、誹謗中傷《ひぼうちゅうしょう》は絶対《ぜったい》にやってはいけない

匿名《とくめい》のつもりでも、知り合いが見れば分かってしまうようなら、いじめにあたる。

ネット上での誹謗中傷《ひぼうちゅうしょう》は、場合によっては名誉《めいよ》毀損罪《きそんざい》や侮辱罪《ぶじょくざい》などにあたり、犯罪者《はんざいしゃ》になってしまうこともある。

2 詐欺《さぎ》や乗っ取り、知らない間に被害者《ひがいしゃ》に!!

急増《きゅうぞう》するフィッシング詐欺《さぎ》にご用心

ここまで、インターネットやSNS《エスエヌエス》で情《じょう》報《ほう》発信をする上で気をつけたほうがよいことを紹介《しょうかい》してきました。ここからは、インターネットを利用するなかで、巻《ま》き込《こ》まれてしまうリスクがある犯罪《はんざい》について紹介します。リスクを理解《りかい》して対策《たいさく》をとることで、安全かつ便利にインターネットを利用できます。

インターネット利用が増《ふ》えるにつれ被害《ひがい》が増えているのが、フィッシング詐欺《さぎ》です。これは、将来《しょうらい》、クレジットカードなどを利用して自分でネットショッピングなどができるようになったときのために、特に知っておいてほしい知識《ちしき》です。

フィッシング詐欺とは、銀行やクレジットカード会社などの金融《きんゆう》機関、あるいはネットショッピングの会社、宅配《たくはい》会社などに見せかけたメールや*SMS《エスエムエス》から偽《にせ》のWeb《ウェブ》サイトに誘導《ゆうどう》して、個人《こじん》情報やクレジットカード情報、アカウントのID《アイディー》・パスワードといった情報を盗《ぬす》み取《と》り、不正に利用することをいいます。

社会のデジタル化が進むなか、フィッシング詐欺は増えています。フィッシング対策協議会のデータによると、2021年1月～12月までのフィッシング報告件数《ほうこくけんすう》は52万6千件を超《こ》え、2020年の約2.3倍となっています。この1年でここまで件数が増えたのには、新型《しんがた》コロナウイルス感染拡大《かんせんかくだい》により、外出が制限《せいげん》され、代わりにインターネットを利用して買い物やさまざまな手続きをする人が増えたことも影響《えいきょう》しています。

フィッシング詐欺の被害に遭《あ》わないためには、まず、あやしいメールやSMSに記《き》載《さい》されているURL《ユーアールエル》をクリックしないことが大切です。チェックするポイントとしては、送信元のメールアドレスは正しいものか、件名や本文の日本語が不自然ではないかなどがあります。

SMS《エスエムエス》…ショートメッセージサービスの略称《りゃくしょう》。携帯《けいたい》電話の電話番号を使ったメッセージの送受信機能《きのう》。

しかし、フィッシング詐欺が増えるにつれ、あやしいところがほとんどない本物にとても近いメールも増えています。そのため、金融機関やネットショッピングの会社から何かの手続きをお願いするメールが来たら、メールのURLからWebサイトに行って手続きを行うのではなく、ブックマークやインターネット検索《けんさく》からその会社の正しいWebサイトに行き、メールで送られてきたお知らせが本当かどうか、マイページなどにログインして確認《かくにん》したほうが安全です。また、SMSによるメッセージ送信を行っていないはずの会社からのSMSは、開かず無視《むし》しましょう。

SNS《エスエヌエス》掲載《けいさい》はダメ！ 連絡先《れんらくさき》は非公開《ひこうかい》が原則《げんそく》

プライベートで使うメールアドレスや電話番号、LINE《ライン》アカウントなどを、SNS《エスエヌエス》やブログのプロフィール欄《らん》などに載《の》せてしまうと、迷惑《めいわく》メールやメッセージが次々と送られてきてしまいます。そういった情報《じょうほう》は、信頼《しんらい》できる人、連絡《れんらく》を取る必要のある人だけに教えるようにしましょう。迷惑メールやメッセージには、フィッシング詐《さ》欺《ぎ》などの犯罪《はんざい》につながるものが多く含《ふく》まれています。URL《ユーアールエル》のクリックや返信などの反応《はんのう》を絶対《ぜったい》にしてはいけません。

迷惑メールやメッセージを防《ふせ》ぐ方法としては、フィルタリングサービスの利用や、プロバイダーの迷惑メール受取《うけとり》拒否《きょひ》設定《せってい》などがあります。SNSでは、「友だちではない人からメッセージを受け取らない」などの設定が効果的《こうかてき》です。

フィッシング詐欺《さぎ》などには「3つの基本《きほん》」で対応《たいおう》する

国民生活センターでは、詐欺《さぎ》メールなどにだまされないための「3つの基本《きほん》」を奨励《しょうれい》している。

3つの基本

❶開かない
❷クリックしない
❸入力しない

❶開かない 身に覚えのないメールは開かない。

❷クリックしない
もしメールを開いても、URL《ユーアールエル》やリンクはクリックしない。

❸入力しない 詐欺サイトは最終的にはID《アイディー》・パスワードなどを盗《ぬす》もうとしているので、絶対《ぜったい》に入力しない。

そのメッセージ
乗っ取りかも？

SNS《エスエヌエス》でも、情報《じょうほう》を不正に入手する手口があります。たとえば *DM《ディーエム》で送られてきたURL《ユーアールエル》をクリックしたり、SNSに連携《れんけい》して遊べるサービスでアカウント情報を入力したりすると、ログイン情報やスマートフォンにある情報を抜《ぬ》き取《と》られることがあります。ログイン情報を抜き取られると、アカウントを乗っ取られるおそれがあります。

万が一あやしいURLをクリックしたり、情報を入力したりしてしまったら、すぐにログイン情報を変更《へんこう》しましょう。

また、乗っ取りに気づいたら、アカウント情報を変更しましょう。

SNSでは、知らない人から送られてきたメッセージは開かないことが基本《きほん》です。また、そこに記載《きさい》されているURLは絶対《ぜったい》にクリックしてはいけません。知っている人からのメッセージでも、そのアカウントが乗っ取られている場合もあります。メッセージに不自然な点があったり、突然《とつぜん》URLが送られてきたりした場合は、すぐに反応《はんのう》せず、そのアカウントが乗っ取られていないか確認《かくにん》しましょう。また、SNSアカウントと連携して遊べるサービスは、サービスの提供元《ていきょうもと》や評判《ひょうばん》などを確認してから利用することをおすすめします。

そして、パスワードなどのログイン情報は、他の人には分からないものを設定《せってい》して、複数《ふくすう》のサービスで使いまわさないようにしましょう。「多要素認証《たようそにんしょう》（二段階認《にだんかい》証）」といって、ログインのときにID《アイディー》とパスワードに加え、SMS《エスエムエス》などで送信される「ワンタイムパスワード」などで二重、三重の認証を設定できるサービスもあります。

SNS《エスエヌエス》が乗っ取られる仕組み

何者かが友だちなどになりすまして、電話番号などを聞き出し、今度は本人になりすましてSNS《エスエヌエス》にログインする。確認用《かくにんよう》の認証《にんしょう》番号が本人に届《とど》くことがあるが、それを教えてしまうと乗っ取られてしまう。

DM《ディーエム》…ダイレクト・メッセージの略《りゃく》。SNS《エスエヌエス》で、特定の相手とだけ送受信するメッセージ機能《きのう》。

SNS《エスエヌエス》で仲良しでも会わないほうがよい

インターネット、特にSNS《エスエヌエス》では、性別《せいべつ》や年齢《ねんれい》、住んでいる場所などに関係なく、同じことに興味《きょうみ》を持つ人と出会い、コミュニケーションを取ることができます。これは、SNSの大きなメリットでありながら、一方で大きなリスクでもあります。

多くのSNSでは、たとえば、本当は50代でも10代のふりをすることができますし、本当は男性でも女性のふりをすることもできます。本当はどんな人であるかに関係なく、自分の演《えん》じたい人になりきることができるのです。単にそれだけなら悪いことではなく、SNSのおもしろさともいえるのですが、なかには、相手をだまし、何か悪いことをする目的で、偽《にせ》の人物を演じる人もいます。そのため、いくらやり取りをして感じの良い人であっても、簡単《かんたん》に自分の個人情報《こじんじょうほう》を教えたり、写真を送ったりすることのないように気をつけましょう。万が一、直接《ちょくせつ》会ってみたいといわれても、断《ことわ》りましょう。実際《じっさい》に、そういったSNSでの出会いをきっかけに起きた誘拐事件《ゆうかいじけん》もあります。

モノの売り買いはSNS《エスエヌエス》に向いていない

SNS《エスエヌエス》上で、グッズやチケットの売買などを見かけることがありますが、こういったやり取りは、お金を払《はら》ったのに商品が来ないなどのトラブルにつながりやすいため、利用は避《さ》けましょう。また、チケットの高額《こうがく》転売はそもそも違法《いほう》です。

インターネット上、特にSNS上でものを買うときは、必ず保護者《ほごしゃ》に話して同意してもらった上で、信頼《しんらい》できるショップやアプリを利用しましょう。

SNS《エスエヌエス》のやり取りだけでは、相手のことは分からない

アイドルグループのファンなどを装《よそお》い、最初はアイドルに関する情報交換《じょうほうこうかん》をする。その後、仲良くなった頃《ころ》に、「直接《ちょくせつ》、会おう」といって呼《よ》び出《だ》そうとする。

3 あなたのPC《ピーシー》・スマホはだいじょうぶ？

ウイルスなどのマルウェアによるサイバー攻撃《こうげき》にご用心

インターネットの利用においては、コンピューターが攻撃《こうげき》される、マルウェアによるサイバー攻撃のリスクがあります。わたしたちが使っているPC《ピーシー》やスマートフォン、タブレットなどの端末《たんまつ》は、すべてその危険《きけん》にさらされています。

マルウェア（Malicious《マリシャス》 Software《ソフトウェア》＝悪意のあるソフトウェア）とはコンピューターに侵入《しんにゅう》する特殊《とくしゅ》なプログラムの総称《そうしょう》です。コンピューターウイルスをはじめとして、ボット、ランサムウェア、キーロガー、スパイウェア、トロイの木馬などがあります。

たとえばコンピューターウイルスに感染《かんせん》するとこんなことに！

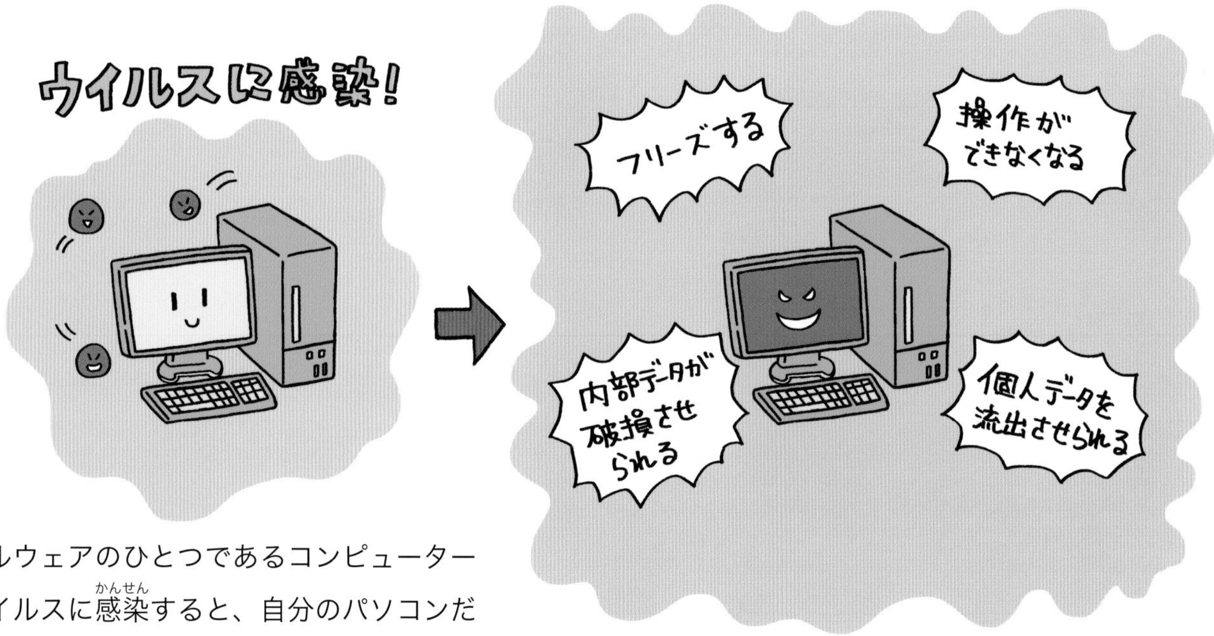

マルウェアのひとつであるコンピューターウイルスに感染《かんせん》すると、自分のパソコンだけでなく、そこから友人などのパソコンへ感染を広げてしまう危険性《きけんせい》もある。

マルウェアの代表ともいえるコンピューターウイルスを例に挙げると、ウイルス感染経路《かんせんけいろ》には、Web《ウェブ》サイトや電子メール、*USB《ユーエスビー》メモリなどがあります。

コンピューターに侵入したウイルスは、コンピューター内部のファイルや、コンピューターが接続《せつぞく》しているネットワークを通じて増殖《ぞうしょく》します。コンピューターに登録されている情報《じょうほう》を利用して、ウイルス付きの電子メールを勝手に送信してしまうウイルスもあります。

ウイルスに感染したコンピューターは、利用者が指示《しじ》していない動きをします。勝手に文字や画像《がぞう》を表示《ひょうじ》する程度《ていど》から、ハードディスクにあるファイルを消去する、コンピューターが動かなくなる、パスワードなどの重要なデータを外部に送信する危険度《きけんど》の高いウイルスもあります。

より安全なデジタル社会のために

デジタル社会が進展《しんてん》すれば、マルウェアやサイバー攻撃《こうげき》なども増《ふ》えることが予想されます。そのため、個人《こじん》個人がしっかり感染対策《かんせんたいさく》をとることがまずは大事です。

しかし個人でできることには限界《げんかい》があるのも確かです。このため、より安心・安全なデジタル社会・ネット社会に向けて、デジタル庁《ちょう》が中心となって、施策《しさく》を進めていこうとしているのです。

しっかりした感染対策《かんせんたいさく》をとる必要がある

感染経路《かんせんけいろ》を断《た》つ

- ➡正体の分からないUSB《ユーエスビー》などの記憶媒体《きおくばいたい》を使わない。
- ➡あやしい電子メールやWeb《ウェブ》サイトを見ない。
- ➡プログラムをインストールするときは、信頼《しんらい》できるものであることを確認《かくにん》する。

コンピューターを強化

- ➡コンピューターに入っているソフトウェアを最新の状態《じょうたい》にしておく。
- ➡ウイルス対策《たいさく》ソフトを導《どう》入《にゅう》し、つねに最新の状態にしておく。

*USB《ユーエスビー》メモリ・・・USB(→18ページ)に直接《ちょくせつ》さし込《こ》める記憶装置《きおくそうち》。

さくいん

アルファベット

あ

か

さ

た

な

は

ま

ら

わ

●監修

池上 彰（いけがみ あきら）

1950 年長野県生まれ。1973 年 NHK に記者として入局。松江、呉での勤務の後、東京の報道局社会部記者。事件、事故、気象、災害、教育、消費者問題等を取材。1994 年から 11 年間、NHK の「週刊こどもニュース」のキャスターとして、大人の世界のニュースを、小学生にもわかるように伝える番組の責任者を務める。

2005 年に NHK を辞めて独立、現在はフリージャーナリストとして、世界各地を取材し、執筆の傍ら各種メディアにも出演している。主な著書に、『そうだったのか！現代史』（集英社）、『伝える力』（PHP 研究所）、監修に『池上彰の新聞活用大事典』『池上彰のみんなで考えよう 18 歳からの選挙』『池上彰と考えるフェイクニュースの見破り方』『池上彰と考える災害とメディア』（いずれも全 4 巻、文溪堂）他多数。

●装丁

村口敬太（Linon）

●本文デザイン・DTP

有限会社オズプランニング

●イラスト

有限会社オズプランニング・酒井由香里

●写真提供

カバー・表紙　左下：Shutterstock
　　　　　　　中央・右上：PIXTA
本文：20 ページ　Fujifotos ／アフロ
　　　34 ページ　つのだよしお／アフロ

●編集協力

図書印刷株式会社／
有限会社オズプランニング・河村郁恵

ISBN 978-4-7999-0465-7 NDC360 48p 293 × 215mm

池上彰と考える
未来の社会とデジタル庁
1．デジタルって、何？

2022 年 11 月　初版第 1 刷発行
発行者　水谷 泰三
監　修　池上 彰
発行所　株式会社**文溪堂**
〒 112-8635　東京都文京区大塚 3-16-12
TEL　営業　(03) 5976-1515　　編集　(03) 5976-1511
ホームページ　https://www.bunkei.co.jp
印刷・製本　図書印刷株式会社

え?! 日本って
デジタル後進国??

池上彰と考える

未来の社会とデジタル庁

（全3巻）

2021年９月に発足したデジタル庁。よく名前は聞くけど、どうしてできたの？ 何をしているの？──そんな疑問に答えるとともに、「デジタル庁」というキーワードから、実は海外に遅れをとっている日本のデジタル化を取り巻く状況を知り、進むべきデジタル社会について子どもたちに考えてもらうためのシリーズです。

■ 意外と知らない「デジタル」「アナログ」から最新の「IoT」「AI」「DX」まで、デジタル用語について豊富に解説。これからのデジタル社会や「デジタル庁」を理解するために知っておきたい知識がつまっています。

■ デジタル社会の現在までの歩みや、国内外の具体的な先進事例を紹介するとともに、未来に向けて日本が目指すべきデジタル社会と、その推進のための「デジタル庁」の役割についてわかりやすく解説します。

■「デジタル社会」というと便利で快適な面が強調されがちですが、その一方で、これまでにはなかったサイバー攻撃やネット犯罪といった危険とも隣り合わせです。デジタル社会において、自分の身を守るために必要な知識も身につけることができます。

■ 各巻の巻頭に、監修者・池上彰氏によるわかりやすい解説つき。

監修：池上　彰

各巻構成

Ａ４変判
各48ページ
NDC360
（社会）

1 デジタルって、何？
2 DXが変える世界と日本
3 デジタル庁が目指す未来